„Der liebe Gott steckt im Detail.“

Aby Warburg, deutscher Kulturwissenschaftler und Kunsthistoriker

Daniela Haußmann
Frauen in Afghanistan

Bibliografische Information der Deutschen Nationalbibliothek:
Die Deutsche Nationalbibliothek verzeichnet diese Publikation in der Deutschen Nationalbibliografie; detaillierte bibliografische Daten sind im Internet über http://dnb.dnb.de abrufbar.

Illustration: **Daniela Haußmann Pressedienst**
Korrektorat: **Birgit Haußmann**

Herstellung und Verlag: BoD – Books on Demand, Norderstedt

ISBN: 978-3-7460-6123-8

Inhaltsverzeichnis

Vorwort 1

Der Kampf ums Überleben 3

Leben mit Behinderung 30

Eine kleine Geschichte der Frauenrechte 40

Von der Fallschirmspringerin zur Generalin 65

Prostituierte - Die vergessenen Frauen Afghanistans 75

Die Frau im Rückkehrerlager 110

Von der arrangierten Ehe zur Scheidung 138

Von der Familie verstoßen 143

Mit kleinen Schritten in die Zukunft 148

Vorwort

Im Grunde wollen wir alle nur das Eine: glücklich und zufrieden leben – gleichgültig, ob wir in Afghanistan, Deutschland oder irgendeinem anderen Teil der Welt zuhause sind. Doch was braucht es, damit wir erwartungsfroh in den Tag starten und abends mit einem Lächeln auf den Lippen ins Bett fallen? Niemand braucht Koffer voller Geld, steinerne Paläste, das trendigste Smartphone oder die teuerste Luxuskarosse. Es sind, wie so oft, die kleinen Dinge im Leben, die uns vor Freude an die Decke springen lassen und uns so großen Reichtum bescheren. Klingt das abgedroschen? Vielleicht. Aber wie würde das Leben ohne eine liebevolle Familie, treue Freunde, erfüllende Beziehungen, glückliche Erlebnisse und unbekümmerte Erfahrungen aussehen? Wäre das überhaupt noch ein Leben? Natürlich: Von der Hand in den Mund – so kommt keiner über die Runden. Das macht weder satt, noch zufrieden - und schon gar nicht glücklich. Kein Zweifel, es braucht ein gewisses Maß an materieller Grundsicherheit, um sich in seiner Haut wohlzufühlen und die ideellen Dinge des Lebens genießen zu können. Wer allein auf weiter Flur Tag für Tag ums Überleben kämpft, wird kaum frohgemut in die Zukunft blicken. Wo auch immer wir auf der Welt zuhause sind - das Streben nach Glück macht uns alle gleich – unabhängig von Geschlecht, Ethnie, Hautfarbe, Sprache, Religion oder sozialer Zugehörigkeit. Was selbstverständlich klingt, liegt für viele Afghanen in weiter Ferne. Die Männer und Frauen, die am Hindukusch zuhause sind, haben eine Menge Probleme. Nach Jahrzehnten des Kriegs wünschen sie sich ein friedliches und sorgenfreies Leben. Doch Terror, Gewalt, Zerstörung, Arbeitslosigkeit und Armut stellen viele Afghanen im Alltag auf eine harte Probe. Es sind gerade Frauen, die gefangen im Korsett der Tradition, nach einem Hoffnungskeim suchen. Zwangsheiraten, Kinderehen, Vergewaltigungen, Ehrenmorde, Misshandlungen – die Liste der Gewalt, der afghanische Frauen ausgesetzt sind, ist lang. Trotz Gesetzen, die zu ihrem Schutz erlassen wurden, kommen ihre Peiniger meist ungestraft davon. Für viele Afghaninnen sind die eigenen vier Wände noch immer der gefährlichste Ort. Im Verlauf mehrerer Reisen, die mich an den Hindukusch führten, traf ich Männer und Frauen, mit denen ich über die Situation der weiblichen Bevölkerung sprach. Anhand ihrer Schicksale und Lebenswege eröffnen sich Einblicke in Meinungen, Sorgen, Nöte, Hoffnungen und Ängste, die den Alltag afghanischer Frauen beschreiben. Ziel dieses Buches ist es ausdrücklich nicht dem Leser eine vorgefertigte Meinung anzubieten. Im Gegenteil: Es versteht sich als Impuls für eine weitergehende Auseinandersetzung mit Afghanistan und seiner Gesellschaft, aber auch den Folgen, die der westliche Einfluss losgetreten hat und noch immer lostritt. Es liegt meiner Überzeugung nach in der Verantwortung jedes einzelnen auf Basis verschiedenster Informationen eine eigene Sicht der Dinge zu entwickeln. Meinungsbildung ist keine Einbahnstraße, sondern eine Aufgabe, deren Bewältigung hilft eine umfassende, bodenständige und adäquate Debatte über Afghanistan, den westlichen Einsatz und die vom Hindukusch ausgehenden Fluchtbewegungen zu führen. Dieses Buch bietet eine ganze Reihe vielfältigster Informationen die den Meinungsbildungsprozess nachhaltig unterstützen. Die wiedergegebenen Eindrücke, Aussagen und Schicksale sind nebst der aufgegriffenen Themen zwangsläufig subjektiv. Einerseits durch meine Auswahl als Autorin, andererseits bedingt durch die persönliche Betroffenheit der interviewten Personen. Umso wichtiger ist es meines Erachtens, dass es trotzdem Aufgabe und Chance des Lesers bleibt, eigene Vorstellungen und Auffassungen zu hinterfragen, zu ergänzen oder weiterzuentwickeln.

Frickenhausen, März 2018

Der Kampf ums Überleben

„Wenn der Grundstein schief liegt, kann die Mauer nicht gerade werden", besagt ein afghanisches Sprichwort. Und das trifft auch auf die Situation der Frauen in der Islamischen Republik Afghanistan zu. Nach fünfzehn Jahren ist von der Aufbruchsstimmung, die 2001 am Hindukusch herrschte, nicht mehr viel übrig geblieben. Wirtschaftlicher Aufschwung, Demokratie, Gleichberechtigung und eine medizinische Grundversorgung für breite Schichten – Versprechungen, die viele Afghanen nach Jahrzehnten des Kriegs auf eine bessere Zukunft hoffen ließen. Der Wunsch nach Frieden und der Glaube an eine bessere Zukunft, an einen Ausweg aus der Armut, ist für viele nur noch eine entfernte Hoffnung. Für die Menschen in Afghanistan ist jeder Tag eine Bewährungsprobe, wie ein Beispiel aus einem kleinen Dorf bei Imam-Sahib, in der Provinz Kunduz, zeigt. Mit schmerzverzerrtem Gesicht liegt Samira am Boden. Sie atmet schwer, windet sich und wirft den Kopf weinend zur Seite. Das Kleid, das ihren schwangeren Bauch bedeckt, ist nass vom Schweiß. Die Decke, auf der sie liegt, hat sich mit Blut vollgesogen. Verkrampft hält sie die Hand ihrer Mutter, die mit einem feuchten Tuch ihre Stirn kühlt. Seit Stunden liegt die Fünfzehnjährige in den Wehen. Längst hat die Hebamme aufgehört, Geburtshilfe zu leisten. „Ich kann ihr nicht helfen, wahrscheinlich liegt das Kind falsch", sagt sie und bittet mich, das Mädchen ins Krankenhaus nach Kunduz zu bringen. Samira schreit, als die Frauen versuchen, ihr auf die Beine zu helfen. Aus eigener Kraft kann die Fünfzehnjährige nicht stehen. Die Hebamme ruft nach dem Ehemann, Hamid. Der trägt das Mädchen zum Auto und legt es auf die blutverschmierte Matratze, die die Frauen in den Kombi geschoben haben. Hamid setzt sich zu Samira auf die Ladefläche. Die Mutter streicht ihrer Tochter durchs Haar. „Du bekommst Hilfe, die Frau bringt dich ins

Krankenhaus", sagt sie. Samira nickt. Ich schließe die Heckklappe, steige in den Wagen und fahre los. Die Straßen abseits der Städte sind nichts weiter als Feldwege. Oft genug gibt es nicht einmal die. Wer entlegene Dörfer erreichen will, fährt querfeldein. Regen oder Schnee machen die Wege unpassierbar. Fahrzeuge und Fuhrwerke fahren sich im aufgeweichten Boden fest, Bedingungen, die eine Fahrt von nur wenigen Kilometern zu einem Stunden dauernden Abenteuer machen. Gebirgsstraßen oder vielmehr die Pistenwege, die in den ländlichen Gebieten abseits der Städte und Hauptverkehrswege als solche gelten, befährt im Winter niemand. Das Risiko, dass auf den ungesicherten Strecken ein Unfall passiert oder dass ein Fahrzeug, das auf vereisten Untergrund gerät, abstürzt, ist groß. Ganze Dörfer sind deshalb, insbesondere im Winter und zur Schneeschmelze, von der Außenwelt abgeschnitten. Selbst im Sommer stellen lange Wegstrecken die Menschen vor große Herausforderungen. Die Berg- und Passstraßen, die ich während meiner Aufenthalte in Afghanistan immer wieder befahren habe, waren häufig nur so breit, dass sie gerade einmal einem Fahrzeug Platz boten. Meine Begleiter und ich waren deshalb oft gezwungen, das Auto dicht am Abgrund entlang zu bugsieren. Hier und da gab es in den Fels geschlagene Einbuchtungen, in die wir und andere Fahrer ausweichen konnten, wenn es Gegenverkehr gab. In solchen Fällen mussten wir, die Felskanten und den Abgrund immer vor Augen, den Wagen bis zur nächsten Einbuchtung langsam rückwärts rollen lassen. Meine afghanischen Freunde hatten mir oft von Fahrern erzählt, die bei derartigen Manövern mit ihren Fahrzeugen in die Tiefe stürzten. Übriggeblieben sei nicht mehr als ein Haufen zertrümmertes Blech. Die Insassen konnten nur schwer verletzt oder tot geborgen werden. Dabei habe es an ein Wunder gegrenzt, wenn die Opfer den Transport in die nicht selten weit entfernten Krankenhäuser überlebten. Jeder riet mir deshalb, die Berg- und Passstraßen nach Regen zu meiden, gerade im Winter. Der aufgeweichte Untergrund der unbefestigten Straßen kann sich jederzeit lösen und wegbrechen. Warnschilder, Leitplanken, Straßenbeleuchtungen oder einen asphaltierten Untergrund - all das sucht man hier vergebens. An das unermüdliche Knarren der Türen des klapprigen Kombis, in dem ich sitze, habe ich mich schon gewöhnt. Dem fortwährenden Quietschen des Fahrwerks messe ich schon lange keine Bedeutung mehr bei. Einzig und allein die Schlaglöcher und Bodenwellen, die den Wagen ordentlich durchrütteln, machen mir Sorgen. Denn jeder weitere Stoß kann der letzte für die Achse sein. Ich schaue nach vorn. Hügel, grüne Weideflächen und Ackerland liegen vor uns. Langsam rollt der Kombi aus dem kleinen Dorf hinaus. Samira wimmert. Die Fahrt ist für die Fünfzehnjährige eine Tortur. Hamid hält seine Frau in den Armen. Ihr Kopf ruht an seiner Schulter. Er streicht ihr wieder und wieder über das Haar. Der Dreiundzwanzigjährige ist Bauer, genau wie seine Eltern und deren Eltern vor ihm. Ein Auto kann sich weder Hamid noch sonst jemand im Dorf leisten. In Notfällen wie diesem ist das eine Katastrophe. „Wenn du Hilfe brauchst, musst du entweder laufen oder Kranke und Verletzte mit dem Esel zum Arzt bringen", sagt er. Überall im Land wurden mit internationalen Hilfsgeldern Krankenstationen eingerichtet. Doch die sind laut Hamid nicht gut ausgerüstet. „Bei kleineren Verletzungen, einer Grippe oder einem Schnupfen können die Ärzte helfen", erzählt er. „Aber größere Operationen können sie in den Stationen nicht durchführen." Dafür fehle die technische und medizinische Ausrüstung. Als ich zwei dieser Stationen besuchte, bestätigten mir die Ärzte Hamids Schilderungen. Wer ernsthaft erkrankt ist oder schwere Verletzungen aufweist, wird von ihnen nach Kabul geschickt. Die Patienten legten dann die weiten Strecken zu Fuß oder mit dem Esel zurück. Häufig seien sie deshalb tagelang unterwegs. Eine Frau, die ich in einem neu eingerichteten Krankhaus in der Landeshauptstadt traf, erzählte mir, dass sie eine einwöchige Reise auf sich nehmen musste, um die Klinik zu erreichen. Weit und breit habe es keinen Arzt gegeben, der den Jungen behandeln konnte. Und so blieb ihr nichts anderes übrig als den Zehnjährigen auf einen Esel zu setzen und mit ihm nach Kabul zu laufen. „Kannst du dir vorstellen, was das für meine Frau in ihrem Zustand bedeutet?", fragt mich Hamid. Ich sehe in den Rückspiegel, in dem sich unsere Blicke treffen. Hilflos suche ich nach einer Antwort. Soll ich ihn trösten, ihn bitten, Hoffnung und Zuversicht zu bewahren, ihm Mut zusprechen? Afghanistan verzeichnet eine der höchsten Müttersterblichkeitsraten weltweit. Der Tod während einer Geburt ist die häufigste Todesursache bei afghanischen Frauen und Mädchen. Aus dem Bericht „World Health Statistics 2017" geht hervor, dass in Afghanistan statistisch betrachtet bei 100.000 Lebendgeburten 396 Mütter sterben.[1] Zum Vergleich: In Deutschland sind nach Angaben des Bundesinstituts für Bevölkerungsforschung 2015 rund drei Frauen bei 100.000 Lebendgeburten gestorben.[2] Der Kampf gegen die Müttersterblichkeit am Hindukusch galt lange als Erfolgsgeschichte. Dank westlicher Anstrengungen gelang es im Zuge des Wiederaufbaus die Sterbequote in diesem Bereich drastisch zu senken. Im Jahr 2000 zählte die Weltgesundheitsorganisation in Afghanistan 1.100 Todesfälle je 100.000 Lebendgeburten, 2010 waren es nur noch 584.[3] Und nun zeichnen, laut einem Bericht der britischen Zeitung Guardian, noch nicht veröffentlichte Untersuchungen der Kabuler Regierung, ein anderes Bild. Demnach sollen bei 100.000 Lebendgeburten durchschnittlich zwischen 800 und 1.200 Frauen ums Leben

---

[1] World Health Organization (Hg.): World Health Statistics 2017. Monitoring Health for the Sustainable Development Goals, Genf 2017, S. 52.
URL:https://www.bib.bund.de/SharedDocs/Glossareintraege/DE/M/
muettersterblichkeit.html (Stand: 12.03.2018)
[2] Bundesinstitut für Bevölkerungsforschung: Müttersterblichkeit. URL:
https://www.bib.bund.de/SharedDocs/Glossareintraege/DE/M/muettersterblichkeit.html
(Stand: 12.03.2018).
[3] World Health Organization (Hg.): Trends in maternal mortality: 1990 to 2015. Estimates by WHO, UNICEF, UNFPA, World Bank Goup and the United Nations Population Divisioin, Genf 2015, S. 79. URL: http://data.unicef.org/wp-content/uploads/2015/12/Trends-in-MMR-1990-2015_Full-report_243.pdf (Stand: 12.03.2018).

kommen.[4] Gehört Samira, die hinten im Wagen zwischen Leben
und Tod schwankt, zu diesen Frauen oder nicht? Sie ist Teil der
Schicksale und Geschichten, die hinter den Zahlen stehen, die in
Jahresberichten, Analysen oder Medienberichten inflationär gebraucht werden, um Trends, Entwicklungen und Momentaufnah-
men zu beschreiben, um am Ende zu beurteilen, wie viel, gemes-
sen an dem jahrelangen Engagement der internationalen Gemeinschaft, unter anderem mit Hilfsgeldern oder militärischen Mitteln
erreicht worden ist. Doch Schicksale, wie das von Samira, geben
der anonymen Statistik ein Gesicht. Es ist leicht, rund 5.000 Kilometer Luftlinie von Afghanistan entfernt, die Zeitung aufzuschlagen, den Fernseher oder das Radio einzuschalten und anhand der präsentierten Daten und Fakten zu sagen, dass man
weiß, dass es den Afghanen schlecht geht, dass sie in Armut leben oder an Hunger leiden. Über das wahre Ausmaß des Leids
vermitteln Zahlen und Statistiken nur eine vage Vorstellung. Was
es heißt, täglich ums nackte Überleben kämpfen zu müssen,
bleibt abstrakt. Schlagartig werde ich Teil von Samiras Geschichte, ihres Leids, ihrer Verzweiflung und der Qualen, die sie hinten
im Wagen erduldet. Mit dem Geruch von geronnenem Blut in der
Nase, dem Weinen und Wimmern, das in meine Ohren dringt, mit
ihrem schmerzverzerrten Gesicht vor Augen wird Samiras Not zu
meiner eigenen. Ich fühle mich machtlos der Situation und der
fehlenden Infrastruktur ausgeliefert. Das einzige, was ich für Samira und Hamid tun kann, ist fahren bis wir ein Krankenhaus
finden. Kann ich mir vorstellen, wie es ist, mit Schmerzen in der
sengenden Sonne, auf staubigen Trampelpfaden, mit dem Esel
kilometerweite Wegstrecken zurückzulegen, darauf hoffend, am
Ende all der Strapazen lebend in einer Klinik anzukommen und

---

[4] Rasmussen, Sune Engel: Maternal death rates in Afghanistan may be worse than
previously thought. In: The Guardian, 30.01.2017. URL:
https://www.theguardian.com/global-development/2017/jan/30/maternal-death-rates-in-
afghanistan-may-be-worse-than-previously-thought (Stand: 12.03.2018).

dabei nicht überfallen zu werden? Kann ich mir die Angst vorstellen, auf eine Landmine zu treten? Kann ich mir vorstellen, wie es ist, in ein Gefecht zu geraten? Solche Ängste musste ich nie durchstehen. Jede mögliche Antwort auf Hamids Frage erscheint mir deshalb derart belanglos und abgedroschen, dass ich keine Worte finde. Schließlich kann ich jederzeit in den Flieger nach Deutschland steigen und alles hinter mir lassen. Im Rückspiegel sehe ich, wie Hamid den Kopf schüttelt. „Einige Kilometer entfernt gibt es eine Krankenstation", erzählt er. „Aber dort gibt es keine weiblichen Ärzte und auch kein Ultraschallgerät." Deshalb hatte Samira keine medizinische Betreuung erhalten. Einzig und allein die Dorfhebamme hat sich vor der Geburt mit der Fünfzehnjährigen unterhalten und ihr erzählt, wie alles abläuft. In jedem Dorf werden die jungen Frauen in die Geburtshilfe eingeführt. Treten Komplikationen auf, sind die werdenden Mütter auf sich gestellt. „Die Hebammen im Dorf können nicht feststellen, ob das Kind falsch herum liegt, eine Eileiterschwangerschaft vorliegt oder etwas mit der Nabelschnur nicht stimmt", klagt Hamid. „Viele Kinder sterben in den ersten Lebenswochen und -monaten." Der Großteil der Schwangeren bringt seine Kinder zu Hause zur Welt, mit allen Risiken, die ohne die professionelle Hilfe ausgebildeter Geburtshelferinnen und angesichts mangelnder Hygiene auftreten. So kann es zu Infektionskrankheiten wie Tetanus kommen. Dessen Erreger können unter anderem durch Straßenstaub oder Erde in offene Wunden gelangen und bei Neugeborenen zu einer Nabelinfektion führen, die kurz nach der Geburt zum Tode führen kann. Alle zwei Stunden stirbt nach Angaben von UNICEF in Afghanistan eine Frau an schwangerschaftsbedingten Komplikationen.[5] Bei 30 Prozent der Geburten im ländlichen Raum legen die Frauen ihr Leben in die Hände unausgebildeter Hebammen, während in schwer zugänglichen Gebieten

---

[5] UNICEF. URL: https://www.unicef.org/afghanistan/health_nutrition_2179.htm (Stand: 12.03.2018).

12 Prozent der Schwangeren überhaupt keinen Zugang zu einer entsprechenden Gesundheitsvor- und -versorgung hat.[6] Auf 10.000 Personen kommen 3,2 Pflegekräfte und Geburtshelfer, wie der Bevölkerungsfonds der Vereinten Nationen 2017 unter Berufung auf die Weltgesundheitsorganisation mitteilte.[7] Schätzungsweise 10 Millionen Menschen haben keinen oder eingeschränkten Zugang zu einer grundlegenden medizinischen Versorgung.[8] Nach Angaben der Weltgesundheitsorganisation waren allein zwischen Januar und August 2017 insgesamt 164 Gesundheitseinrichtungen gezwungen, aufgrund der Sicherheits- und Konfliktlage, zeitweise den Betrieb einzustellen.[9] 45 Einrichtungen schlossen ihre Türen dauerhaft.[10] Angesichts der Tragödie, zu der sich eine Schwangerschaft unter diesen Bedingungen sehr leicht entwickeln kann und die Samira hinten im Wagen durchlebt, frage ich mich, ob es in Afghanistan für eine Frau ein freudiges Ereignis ist, einem Kind das Leben zu schenken, oder ob es nicht eher Anlass zu Angst und Sorge bedeutet. Für Hamid sichern Kinder die Existenz der Familie. Für einen Afghanen ist die Familie der Dreh- und Angelpunkt seines Lebens. Sie trägt ihn von der Wiege bis zur Bahre. „Die Familie sichert das Überleben", sagt Hamid. „Sie ist für mich da, wenn ich krank, verletzt

---

[6] United Nations Office for the Coordination of Humanitarian Affairs (Hg.): Humanitarian Bulletin: Afghanistan. Issue 59/01-31 December 2016, S.3. URL: http://www.acbar.org/upload/1484539454409.pdf (Stand: 17.10.2017).

[7] UNFPA (Hg.): UNFPA Afghanistan Biannual Newsletter. Vol#II Issue#I 2017, S. 2. URL: http://afghanistan.unfpa.org/sites/default/files/pub-pdf/UNFPA%20AFG%20Newsletter%20Vol%20II%20Issue%20I-092017_0.pdf (Stand: 12.03.2018)

[8] United Nations Office for the Coordination of Humanitarian Affairs (Hg.): Humanitarian Needs Overview 2018: Afghanistan, Dezember 2017, S.5. URL: https://reliefweb.int/sites/reliefweb.int/files/resources/afg_2018_humanitarian_needs_overview_1.pdf (Stand: 12.03.2018)

[9] WHO Regional Office for the Eastern Mediterranean. URL: http://www.emro.who.int/afg/afghanistan-news/attacks-on-healthcare-on-the-rise-in-afghanistan.html (Stand: 12.03.2018)

[10] Ebd.

oder alt bin und nicht mehr arbeiten kann." In einem Land, in dem es keine Kranken-, Renten- oder Pflegeversicherung gibt, übernimmt die Familie alle Funktionen, die in westlichen Staaten von den Sozialversicherungsträgern abgedeckt werden. Deshalb ist es für Hamid völlig normal, dass er eine junge Frau heiratet, die möglichst viele Kinder zur Welt bringen soll. Schließlich ist es die Großfamilie, die das Dasein garantiert. Dass es in Deutschland eine Versicherung gibt, die die Kosten für Arzt, Krankenhaus und Medikamente übernimmt, überrascht den Dreiundzwanzigjährigen. Dass der Staat Straßen baut, für Zug- und Busverbindungen sorgt oder irgendwelche finanziellen Mittel für die Versorgung der Bevölkerung bereitstellt, erstaunt ihn. Lohnnebenkosten, Abwasser- oder Müllgebühren kennt er ebensowenig wie ein funktionierendes Straßennetz. „Ich muss selbst sehen, wo ich mit meiner Familie bleibe", sagt Hamid. „Der Staat tut nichts für mich. Wenn ich ein Problem habe, frage ich meine Verwandten oder meinen Stammesführer." Der junge Mann ist neugierig geworden. „Was machst du in Deutschland, wenn es deiner Mutter oder deinem Vater so schlecht geht wie meiner Frau?", fragt er. Ich erkläre ihm, dass es flächendeckend Krankenhäuser gibt und niedergelassene Ärzte: „In Deutschland wählst du die Nummer vom Rettungsdienst, schilderst die Art des Notfalls und bekommst medizinische Hilfe." Verhältnisse, von denen Hamid und Samira nur träumen können. Einen Krankenwagen hat der Dreiundzwanzigjährige noch nie gesehen. Die gebe es in Kabul. Zumindest hat er das gehört. Einer seiner Verwandten sei einmal in der afghanischen Landeshauptstadt gewesen, um seinen Sohn operieren zu lassen. „Den Krankenwagen hat er vor dem Krankenhaus stehen sehen", erzählt Hamid. „Und er sagte, dass es in ihm eine Trage, Medikamente und Verbandsmaterial gibt." In Dörfern wie seinem sei das undenkbar. „Selbst wenn du ein Handy hast, brauchst du keinen Krankenwagen zu rufen. Hier kannst du dir nur selbst helfen", so seine ernüchternde Antwort. Er greift eine der Wasserflaschen, die hinten im Kofferraum liegen, hebt den Kopf seiner Frau an, um ihr etwas zu trinken zu geben, doch die ist kaum in der Lage, ihren Mund zu öffnen. Hustend schluckt sie einige Tropfen und sackt kraftlos in sich zusammen. Hamid nimmt sein grün-beiges Tuch vom Hals, faltet es einige Male, schüttet Wasser darauf und legt es ihr auf die Stirn. Seit zwei Stunden sind wir unterwegs. Und es wird mindestens noch einmal so lange dauern, bis wir Kunduz erreichen. Wir können nur hoffen, dass Samira den Transport übersteht. Es fällt ihr schwer, die Augen offen zu halten. Immer wieder fällt ihr Kopf zur Seite. Hamid rüttelt sie wach, bittet sie durchzuhalten und erzählt ihr, dass Kunduz nicht mehr weit sei. Selbst für einen gesunden Menschen ist die Fahrt auf den staubigen Pistenwegen bei vierzig Grad und ohne Klimaanlage anstrengend. Ich kann mir schwer vorstellen, wie es für Samira sein muss. In diesem Moment würde ich alles dafür geben, aufs Gaspedal drücken zu können, um schneller nach Kunduz zu kommen. Mit einem Schlag kommen mir die Probleme, die mich, meine Freunde und Bekannten in Deutschland beschäftigen, so klein und nichtig vor. Eigentlich geht es den allermeisten von uns doch richtig gut. Was spielt es für eine Rolle, mit dem neusten Smartphone zu telefonieren, das größte Auto zu fahren oder die trendigsten Klamotten im Schrank hängen zu haben, die teilweise gar nicht getragen werden? Ist es wichtig, dass es dieses Jahr ein Urlaub weniger wird oder das Hotel nicht den Erwartungen entspricht? Ein kanadischer Soldat, den ich bei einem Barbecue auf seinem Stützpunkt traf, formulierte es so: „Was ist schon kaputt, wenn mein Haus abbrennt? Natürlich ist der Schaden groß, die Nerven liegen blank, jede Menge Querelen mit der Versicherung und dem Sachverständigen. Aber im Grunde ist doch nicht viel kaputt. Ich baue mein Haus einfach wieder auf. Verglichen mit der Situation in Afghanistan ist das ein Spaziergang. Durch den Einsatz hier habe ich gelernt, die Dinge zuhause mehr wertzuschätzen." Mir geht es nicht anders. Gleich nach meinem ersten Afghanistanaufenthalt schnappte ich mir mehrere Kartons und trennte mich von allen Hosen, Pullovern, Jacken, Blusen und Schuhen, die ich nur selten oder gar nicht trug und schickte sie nach Kabul zu einem guten Freund. In jedes Paket legte ich einen Zettel, damit Shamsudin wusste, für wen der Inhalt bestimmt war. Einmal schickte ich ihm zwei Pakete mit Kompressen, Verbandstüchern, Pflastern und Fixierbinden, die er Khatool Mohammadzai übergab, einer af-ghanischen Generalin, auf die ich später in diesem Buch noch zu sprechen komme. Sie hatte einen Verein für Witwen ins Leben gerufen und mir erzählt, dass sie Verbandsmaterial gut gebrau-chen könnte. Zurück in Deutschland bat ich Freunde und Bekann-te, mir alles zur Wundversorgung zu geben, was sie haben, kau-fen oder in ihrem Freundes- und Bekanntenkreis einsammeln können. Gleiches galt für Kleidungsstücke. Teilweise schickte ich auf einen Schlag zehn Pakete nach Afghanistan, weil so viele in meinem Umfeld bereit waren zu helfen. Einen Teil der Kleider bewahrte Shamsudin bis zu meinem nächsten Besuch auf, damit wir sie gemeinsam an Bedürftige verteilten konnten. Natürlich war das nur ein Tropfen auf den heißen Stein. Trotzdem wollte ich helfen und das Leid und die Armut, die ich gesehen und erlebt hatte, nicht ignorieren. Der harte afghanische Winter stand vor der Tür. Schnee, eisiger Regen und Wind und Hunger fordern vor allem unter Kindern und Älteren ihre Opfer. Warme Mäntel, fes-tes, gefüttertes Schuhwerk, Handschuhe, Schals, Mützen und Pul-lover schützen vor dem Kältetod. Der Bedarf ist groß. Kaum war der Kofferraum offen, scharten sich Frauen, Männer und Kinder um den Wagen. Sie rissen uns die Kleidungsstücke aus den Hän-den, drückten sie fest an sich aus Angst, dass sie ihnen jemand wegnahm und verschwanden so schnell, wie sie auftauchten. Es dauerte keine drei Minuten bis alle Kleider verteilt waren. Die Leute waren nicht wählerisch. Sie griffen sich, was sie kriegen konnten, ohne nachzusehen, was es war oder zu überlegen ob das, woran sie sich klammerten, überhaupt von Nutzen war. Ob Jacke, Mantel, Hose, Pullover oder Schal - wichtig war nur, dass sie etwas ergattert hatten. Niemand fragte nach Größen oder probierte Schuhe an. Irgendjemandem in der Familie würden sie schon passen. Einige werden die Kleider wohl verkauft haben, um mit dem Geld Nahrung oder Medikamente zu beschaffen. Wer arbeitslos ist, als Tagelöhner so gut wie nichts verdient, kaum etwas zu essen hat oder krank ist, sorgt sich mehr darüber, wie er den nächsten oder übernächsten Tag übersteht. Der Winter kann warten, wenn der Alltag ein existenzieller Spießrutenlauf ist. Unterm Strich hat sich die Lebenserwartung in Afghanistan verbessert. 2008 lag sie bei Männern zum Zeitpunkt der Geburt noch bei 44 Jahren und bei Frauen bei 43,9 Jahren.[11] Ausgehend von den aktuellsten Zahlen der Weltgesundheitsorganisation hat sich die Lebenserwartung bei den Männern auf 59,3 Jahre und bei den Frauen auf 61,9 Jahre erhöht.[12] Eine Entwicklung, die auf eine verbesserte medizinische Versorgung zurückzuführen ist. Trotzdem fällt das mit Schwangerschaft und Geburt verbundene Todesrisiko verglichen mit den Nachbarländern nach wie vor hoch aus. In Indien belief sich die Müttersterblichkeitsrate 2015 auf 174 Frauen pro 100.000 Geburten, in Pakistan auf 178, in Turkmenistan auf 42, in Tadschikistan auf 32, in Usbekistan auf 36 und im Iran auf 25.[13] Die Zahlen liegen damit deutlich über den bereits erwähnten 396 Sterbefällen unter Frauen, die 2015 pro 100.000 Geburten für Afghanistan in der Statistik angeführt werden.[14] Die Sterberate für Kinder unter fünf Jahren und Neugeborene liegt in Afghanistan bei 91,1 Todesfällen pro 1.000 Gebur-

---

[11] Statistisches Bundesamt (Hg.): Länderprofil Afghanistan 2010. Wiesbaden 2010, S. 3. URL: https://www.destatis.de/DE/Publikationen/Thematisch/Internationales/Laenderprofile/Afghanistan.pdf?__blob=publicationFile (Stand: 12.03.2018).

[12] World Health Organiziation (Hg.): World Health Statistics 2017. Monitoring Health for the Sustainable Development Goals, Genf 2017, S. 86. URL: http://apps.who.int/iris/bitstream/10665/255336/1/9789241565486-eng.pdf (Stand: 12.03.2018).

[13] Ebd., S. 52.

[14] Ebd.

ten, in Pakistan bei 81,1, in Indien bei 47,7, in Tadschikistan bei 44,8, in Usbekistan bei 39,1 und im Iran bei 15,5 Sterbefällen pro 1.000 Geburten.[15] „Von Verhältnissen wie in Deutschland sind wir weit entfernt", sagt Hamid. „Die Versorgung in Privatkliniken kostet Geld, öffentliche Krankenhäuser sind oft personell unterbesetzt und überfordert." Zudem sei die Reise in Städte, in denen es eine adäquate medizinische Versorgung gibt, mit Kosten verbunden, die er nur bezahlen könne, wenn er Schulden mache. „Mir fehlen schlichtweg die finanziellen Mittel", fährt er fort. „Hier draußen gibt es keine Apotheke. Manche Medikamente sind nur in Pakistan erhältlich. Um dorthin zu gelangen und die Arznei bezahlen zu können brauche ich wieder Geld, das ich nicht habe." Und selbst wenn er das Geld aufbringen könnte, wäre das noch lange keine Garantie dafür, dass er tatsächlich medizinische Hilfe erhält. In den Wintermonaten sind viele Dörfer praktisch von der Außenwelt abgeschnitten. Und selbst wenn Schnee, Kälte und Eis nicht zur Barriere für medizinische Hilfe werden, dann sind es kriegerische Auseinandersetzungen, Überfälle und Landminen, die es so gut wie unmöglich machen eine Klinik zu erreichen. „Eine Krankenstation kann", laut Hamid, „nur wenige Kilometer entfernt liegen. Aber wenn geschossen wird, Menschen sterben, Autos und Häuser in die Luft fliegen, dann ist die Rettung trotz aller Nähe unerreichbar weit entfernt." Nachts ist die Gefahr noch größer. Bei Einbruch der Dunkelheit beginnt die Stunde der Taliban, anderer Aufständischer und von Kriminellen. Einheimische rieten mir deshalb immer wieder zeitig eine sichere Zuflucht zu suchen, um die Nacht unbeschadet zu überstehen. Mit der Dämmerung ziehen sich die Menschen in ihre Häuser zurück, verschließen die Türen hinter sich und wagen keinen Schritt nach draußen, geschweige denn, dass sie wegen eines Notfalls zum nächsten Krankenhaus aufbrechen würden. „Wenn jemand in der Nacht einen Arzt braucht, muss er bis zum

---

nächsten Morgen warten. Bis dahin wird er zuhause versorgt. Manche im Dorf haben Erfahrung mit Erster Hilfe, andere wissen wie Wunden gereinigt oder Verbände angelegt werden. Mehr können Dorfbewohner und Angehörige für einen Verletzten nicht tun, noch weniger für jemanden, der lebensgefährliche Beschwerden mit inneren Organen hat und eine Operation braucht", fasst Hamid die Lage in Worte. Bei Notfällen mindert das zwar die Überlebenschancen, aber letzten Endes wagt es dem Dreiundzwanzigjährigen zufolge niemand bei Dunkelheit sein Dorf zu verlassen. „Außerdem gibt es immer wieder Angriffe auf Kliniken und Krankenstationen. Sie werden gezielt ins Kreuzfeuer genommen oder von Aufständischen geplündert, die die Ausrüstungsgegenstände und das medizinische Material für eigene Zwecke nutzen", so Hamid. In anderen Fällen besetzen regierungstreue Kräfte die Einrichtungen, um sie als Einsatzstützpunkt zu nutzen." Zwischen 2014 und 2016 stieg die Zahl der Fälle, bei denen Aufständische medizinische Einrichtungen und deren Angestellte ins Visier nahmen, um 110 Prozent an.[16] Gleichzeitig stieg im selben Zeitraum die Zahl der medizinischen Einrichtungen, die von Konfliktparteien geschlossen wurden von 72 auf 189 an.[17] Schlussendlich haben damit rund 3 Millionen Menschen keinen Zugang zur einer medizinischen Versorgung.[18] „Deshalb ist es so schwierig medizinische Hilfe zu finden, weil nahegelegene Einrichtungen schlichtweg nicht funktionieren, einfach nicht mehr vorhanden sind oder weil das medizinische Personal die Flucht ergriffen hat", seufzt Hamid. „Das ist nicht richtig. Kran-

---

[16] United Nations Office for the Coordination of Humanitarian Affairs (Hg.): Humanitarian Needs Overview 2018: Afghanistan, Dezember 2017, S.5. URL: https://reliefweb.int/sites/reliefweb.int/files/resources/afg_2018_humanitarian_needs_ov erview_1.pdf (Stand: 12.03.2018)

[17] Ebd.

[18] WHO Regional Office for the Eastern Mediterranean. URL: http://www.emro.who.int/afg/afghanistan-news/attacks-on-healthcare-on-the-rise-in-afghanistan.html (Stand: 12.03.2018)

ke, Verletzte und Schwangere die dringend auf eine Versorgung angewiesen sind, die im Sterben liegen, bekommen keine ärztliche Fürsorge, dank irgendwelcher Gruppierungen, die sich gegenseitig die Köpfe einschlagen und ihre Politik über die Rettung von Menschenleben stellen." Der junge Mann ist wütend und enttäuscht. Nach all den Jahrzehnten, die sein Land im Krieg versinkt, sollte seiner Ansicht nach endlich Frieden einkehren. „Diese ganzen Feindseligkeiten, Konflikte, Gefechte und das Ringen um Macht - das alles hat uns doch kein Stück weiter gebracht. Im Gegenteil. Man sollte meinen, dass wir unsere Lektion gelernt haben", kritisiert Hamid, der sichtlich aufgebracht ist. „Stattdessen müssen Leute wie ich Angst haben, dass sie bei dem Versuch ihre Frau ins Krankenhaus zu bringen erschossen werden, weil zu viele in diesem Land Waffen besitzen und keine Skrupel haben sie zu benutzen." Zum ersten Mal spricht er in aller Ausführlichkeit über all diese Dinge. Dabei redet sich Hamid derart in Rage, dass er nach Luft japsen muss, weil er vor lauter Erregung so schnell spricht, dass ihm mitten im Satz die Puste ausgeht. Es ist nicht schwer zu erraten, dass ihn die Zustände in seiner Heimat ungeheuer belasten. „So gut wie jeder hat die Nase voll vom Krieg. Da sollte man doch meinen können, dass sich endlich alles zum Besseren wendet", fährt der Dreiundzwanzigjährige halb klagend, halb vorwurfsvoll fort, während er zugleich mit geballter Faust auf die umgeklappte Rückbank schlägt. Ob sich die Lage in Afghanistan je zum Besseren wenden wird, vermag er nicht zu sagen. Und wenn, da ist sich Hamid sicher, wird er es höchstwahrscheinlich nicht mehr erleben. „Stattdessen fliegen uns weiter die Kugeln um die Ohren, meine Familie wird jeden Tag von neuem arbeiten bis zum Umfallen, für eine Schüssel Reis und Gemüse, und schlussendlich werden wir niemals über den Acker, auf dem wir uns abquälen hinauskommen", fasst er sein Leben in klaren Worten zusammen. „Wir können einzig und allein froh darüber sein, wenn keine Dürre die Ernte vernichtet, jeder in der Familie weitestgehend gesund ist, wir nicht erschossen werden und keiner auf keine Landmine tritt.“ Etwa zwei Drittel der afghanischen Bevölkerung lebt von der Agrarwirtschaft. Seit seinem achten Lebensjahr bestellt Hamid das Feld. Genau wie sein Vater, seine Großeltern und Generationen vor ihnen, lebt der junge Mann von dem, was der Boden hergibt. Seinen Acker bestellt er mit Kühen, die er vor den selbst gebauten Holzpflug spannt. Landwirtschaft ist Schwerstarbeit. Schwer atmend und nass bis auf die Haut schufteten die Menschen vielerorts in der sengenden Hitze auf den Feldern, um mit Hacke und Spaten Bewässerungskanäle anzulegen. Wieder und wieder beobachtete ich Bauern, die sich ein Tuch wie eine Schärpe über die Schulter warfen, es in Höhe des Bauches ausbreiteten, mit Saatgut füllten, über den Acker liefen und die Samen in die Luft warfen, um sie zu verteilen. Schritt für Schritt arbeiteten sie sich bei der Ernte mit der Sichel in der Hand durch die Felder. In Bodennähe schnitten sie die Weizengarben ab, die sie später nach uralter Weise droschen, siebten, reinigten und in Säcke abfüllten, die sie mit dem Holzfuhrwerk zur Mühle karrten. Erst luden die Männer die zentnerschweren Säcke ab, schleppten sie in die Mühle, stemmten sie mit vereinten Kräften hoch, schütteten das Getreide in einen Trichter an dessen unterem Ende die Körner in eine Vorrichtung rieselten, über die sie geradewegs durch ein Loch im Mühlstein flogen, der sie sofort zu Mehl zerrieb. Die Plackerei hinterlässt ihre Spuren. Hamids Rücken schmerzt, die Gelenke tun ihm weh. „Ich bin krank, weil ich arm bin, und ich werde immer ärmer, weil ich krank bin, und mein gesundheitlicher Zustand verschlechtert sich immer mehr, weil ich immer ärmer werde“, bilanziert er. „Das ist ein Teufelskreis, aus dem ich und meine Familie nicht herauskommen.“ Eigentlich müsste er zum Arzt. Doch das Geld, das er für die Reise braucht, hat er nicht. Hamid hatte sich ein anderes Leben gewünscht. Nach dem Sturz der Taliban und der Präsenz der internationalen Allianz am Hindukusch hatte er Hoffnung geschöpft. Er glaubte an eine bessere Zukunft, daran, dass seine

Not ein Ende hat, dass er und seine Familie medizinische Hilfe bekommen, dass es wirtschaftlich bergauf geht, Arbeitsplätze entstehen und der Krieg endlich ein Ende hat. „Aber herrscht Frieden nur dann, wenn die Waffen schweigen?", fragt Hamid. „Herrscht Frieden, wenn ich, meine Frau und die ganze Familie jeden Tag ums Überleben kämpft?" Der Dreiundzwanzigjährige hätte gerne eine Schule besucht, studiert, einen gut bezahlten Beruf ergriffen und seiner Familie ein besseres Leben ermöglicht. „Ich hatte diese Chance nicht", bedauert er. „Aber ich würde mir das für meine Kinder wünschen. Und jetzt habe ich Angst, dass meine Frau stirbt." Hamid ist niedergeschlagen und ratlos. „Wir Afghanen haben uns gegenseitig so viel Leid zugefügt, wir haben so viel zerstört. Hätte ich Kinder, müssten sie mich, meinen Vater und dessen Vater hassen", befindet er. „Wir haben nicht nur unser eigenes Leben zerstört, sondern auch das unserer Kinder, die unsere Fehler ausbaden müssen." Tränen laufen über sein Gesicht, die er sich mit der Hand wegwischt. Völlig aufgelöst sitzt er bei seiner Frau im Kofferraum und lässt seinem Schmerz und der Verzweiflung, die ihn zu zermürben scheint, freien Lauf. Er und seine Landsleute mussten so vieles erdulden: Gewalt, Folter, Tod, Vertreibung, Hunger und tiefste Armut. Ein afghanischer Mann weint nicht. Er füllt seine Rolle als ehrenvoller und tapferer Krieger aus, als Beschützer von Frauen, Kindern, Kranken, Schwachen und Alten. Und nun spricht Hamid aus, was auf seiner Seele lastet: Kriegserlebnisse, die Sorge um die eigene Gesundheit und die immer wieder neue Frage, wo er für seine Familie etwas zu essen herbekommt. Sein Leben empfindet er als tägliche Bewährungsprobe. „Demokratie, Frauenrechte, die Bekämpfung des Opiumanbaus – das alles ist recht und schön", sagt Hamid. „Aber das ist nicht unser drängendstes Problem. Unser Hauptproblem ist, dass wir nicht wissen, wie wir den Tag überstehen und ob wir ihn überleben." Für ihn leiden nicht nur die Frauen in Afghanistan. Aus seiner Sicht leiden auch die Männer. „Im Alter von acht Jahren fing ich an zu arbeiten", erinnert er sich. „Und mit zweiundzwanzig Jahren hatte ich endlich die Mitgift von 4.000 Euro verdient, um meine Frau zu heiraten." Der Geldbetrag sei keine Kaufsumme. „Der Betrag wird von der Familie zurückgelegt, damit meine Ehefrau versorgt ist, wenn mir etwas passiert", stellt er klar. „Wenn ich meine Eltern nicht versorgen kann, dann haben sie das Recht, mich zu verstoßen." Eine einzige Missernte könne die Existenzgrundlage kosten. Denn jede Ernte liefert ihm von neuem das Saatgut für den Ackerbau. „Fällt die Ernte schlecht aus, dann muss ich jemanden aus meiner Verwandtschaft oder meinen Stammesführer um Hilfe bitten", sagt Hamid. „Im Gegenzug muss ich die Schuld begleichen und einen Teil der Ernte abführen." Diese Art von Kredit sei ein schlechter Handel. Die Agrarwirtschaft in Afghanistan ist eine Bedarfswirtschaft. Alle für den eigenen Verbrauch benötigten Güter werden selbst hergestellt. Die Parzellen, auf denen die Bauern Feldfrüchte anpflanzen, sind sehr klein - eine Folge der Realteilung im islamischen Erbrecht. Der gesamte Besitz einer Familie, insbesondere der Landbesitz, wird unter den Erbberechtigten aufgeteilt. Bei jedem weiteren Erbgang nimmt die Zahl der Klein- und Kleinstparzellen deshalb zu. Die jährlich erwirtschafteten Erträge dienen daher der Eigenversorgung, wobei es immer schwieriger wird diese aufrechtzuerhalten, wenn die Anbauflächen schrumpfen und das zur Bewirtschaftung zur Verfügung stehende Land nicht genügend Vorräte liefert, um die Winterzeit zu überstehen beziehungsweise diejenigen zu ernähren, die von dem Ackerland abhängig sind. Dürreperioden und Missernten sind deshalb eine Katastrophe, die die ohnehin angespannte Lage zahlloser Bauern weiter verschärft. Veraltete Bewirtschaftungsmethoden, häufig fehlende Bewässerungsmöglichkeiten, der schwierige oder nicht vorhandene Zugang zu Märkten und Warenhandel sind unter anderem Ursachen für die Misere, in der sich viele bäuerliche Haushalte befinden. Daneben gibt es Großgrundbesitzer, die Anbauflächen an Kleinbauern verpachten und dafür einen Teil der

Ernte verlangen. Nicht selten finden sich auch Formen der Leibeigenschaft. Die Bauern bekommen von den Großgrundbesitzern Saatgut, bewirtschaften die Ackerflächen und erhalten dafür einen Ernteanteil, mit dem sie über die Runden kommen müssen. „Aus dieser Abhängigkeit können sich die betroffenen Familien nicht befreien, weil sie nicht in der Lage sind, eigenes Kapital anzusparen", erklärt mir Hamid, der unter gar keinen Umständen in eine solche Lage geraten will. Allein der Gedanke, dass seine Frau eine aufwändige medizinische Behandlung und Medikamente braucht oder sogar stirbt, lassen ihm seine Lage nur noch trostloser erscheinen. „Wie soll ich ohne meine Frau weiterleben?", fragt er. „Ohne eine eigene Familie bin ich nichts." Noch immer hält er Samira im Arm, die immer wieder bewusstlos wird. Hamid ist von seiner Frau abhängig. Solange die soziale und ökonomische Sicherheit der Menschen in Afghanistan von den Leistungen der eigenen Familie abhängt, weil der Mangel an staatlichen Sozialmaßnahmen nicht behoben wird, flächendeckend Arbeitsplätze oder Dinge wie Kranken-, Pflege- oder Rentenversicherung für die gesamte Bevölkerung fehlen, wird sich an der Bedeutung der Großfamilie und dem Wunsch nach einer großen Kinderzahl kaum etwas ändern. Die Kinder arbeiten mit, leisten entsprechend ihrer körperlichen Kräfte einen Beitrag zum Einkommen und Überleben der Familie. „Sie sind normalerweise genauso alt wie ich damals war, als mein Vater mich zum Ziegen hüten, Wasser holen, Holz sammeln, Stall ausmisten oder zum Tiere füttern schickte", skizziert Hamid seine Kindheit. „Schritt für Schritt lernte ich so mit zunehmendem Alter alles über Land- und Viehwirtschaft." Allerdings sind nicht alle Familien in der Lage, ihre Kinder zu ernähren. Manche geben sie bei Verwandten oder in Heimen ab, andere verkaufen sie, zum Teil mit verheerenden Folgen. Im vergangenen Jahr verkaufte ein Vater, der mit seiner Frau und den neun Kinder vor den Kämpfen in Hilmand nach Kabul geflohen war, seine sechsjährige Tochter für eine Zwangsheirat, um die Krankenhausrechnung seiner Frau in Höhe von 2.500 US-Dollar zu begleichen.[19] Dank ausländischer Unterstützung ist das Kind heute wieder bei seinen Eltern und Geschwistern, aber dieses Glück haben nur wenige. In einem anderen Fall verkaufte ein Mann, dessen Frau bei der Entbindung von Zwillingen gestorben war, die Säuglinge für etwa 1.000 US-Dollar an irgendjemanden, den er auf der Straße ansprach.[20] Tragisch ist auch der Fall einer Frau, die nach dem Tod ihres Ehemannes wieder verheiratet wurde, ihren vierjährigen Sohn für 12.000 Afghani, umgerechnet rund 208 Dollar, an einen Verwandten verkaufte, für den der Junge arbeiten sollte. Doch am Ende waren sein gesundheitlicher Zustand und seine Ernährung wohl eine erdrückende Last, denn er wurde mit Verbrennungen, von denen die Ärzte annahmen, dass sie das Ergebnis eines Tötungsversuches waren, in eine Klinik eingeliefert.[21] Solche Tragödien zeugen von tiefster Ausweglosigkeit, Hoffnungslosigkeit und Resignation gegenüber den eigenen Lebensumständen. Als ich zum ersten Mal hörte, dass Eltern ihr eigen Fleisch und Blut verkaufen, ihre Kinder damit der Kinderarbeit und Zwangsprostitution ausliefern, wo sie Ausbeutung und Misshandlung bis zum bitteren Ende auszehren, war ich fassungslos und bestürzt. Ich bekam einen schockierenden Eindruck davon, wie verfahren und chancenlos diese Väter und Mütter ihr eigenes Dasein empfinden mussten. „Krieg und Armut kennen kein Erbarmen, sie zersetzen auf Dauer jede Selbstachtung, jeden Funken Stolz, jedes Ehr- und

---

[19] Coren, Anna: Six-year-old Afghan girl saved from marriage to cover father's debt. 9. April 2014. URL: http://edition.cnn.com/2014/04/08/world/asia/afghanistan-child-bride/index.html?hpt=hp_c2 (Stand: 12.03.2018)

[20] Gebauer, Matthias; Najafizada, Shoib: Nordafghanistan: Bauer verkauft Zwillinge für 1 000 Dollar. In: Spiegel Online, 28.03.2013. URL: http://www.spiegel.de/panorama/afghanischer-bauer-verkauft-zwillinge-fuer-1000-dollar-a-891418.html (Stand: 12.03.2018)

[21] Radio free Europe/Radio Liberty: Afghan Children Being Sold Into Forced Labor. 12.09.2011. URL: http://www.rferl.org/content/afghanistan_children_being_sold_into_forced_labor/24326343.html (Stand: 12.03.2018)

Selbstwertgefühl, bis nichts weiter übrigbleibt, als der blanke Selbsterhaltungstrieb", sagt Hamid. „Und wenn es schließlich nichts mehr gibt, was man verlieren könnte, weil man den absoluten Tiefpunkt seines Lebens erreicht hat, dann ist man auch bereit seine Kinder zu veräußern, selbst wenn es einem das Herz zerreißt. Menschen die nichts weiter besitzen als die Kleidung die sie am Leib tragen, haben keine Alternative vor Augen." Verteilt im ganzen Land gibt es staatliche und private Waisenhäuser, die durchaus einen Schulbesuch und eine Berufsausbildung möglich machen. „Aber wer gibt seine Kinder dort ab, wenn er Geld braucht?", entgegnet mir Hamid. „Außerdem gibt es genügend ambitionierte Eltern, die ihre Beziehungen spielen lassen und ihre Sprösslinge im Waisenhaus unterbringen, damit die eine kostenlose Ausbildung erhalten." Die, die tatsächlich auf ein solches Angebot angewiesen seien, würden durch derartige Praktiken einmal mehr ins Hintertreffen geraten. „Denk nur an die ganzen Straßenkinder, die niemanden haben, der sich um sie kümmert. Sie brauchen einen Platz im Waisenhaus, nicht die mit den besten Kontakten", sagt Hamid ziemlich erregt. „Jeder will für sein Kind das Beste. Auch die, die es gegen bare Münze eintauschen. Sie müssen entscheiden, ob ihre Familie für Generationen verschuldet ist und kaum leben kann oder ob sie ein Kind verkaufen, um die Gläubiger zu bezahlen, damit genügend zum Essen übrig bleibt." Das ist eine tragische Erfahrung für Väter und Mütter, die ihre Kinder nie wieder sehen und nie erfahren werden, was aus ihnen geworden ist, ob sie gesund sind, am Leben oder tot. Was für jemanden aus der westlichen Wohlstandsgesellschaft kaum vorstellbar ist, ist am Hindukusch traurige und erschütternde Realität. 1,9 Millionen der rund 34,5 Millionen Afghanen leiden an akuter und 6,7 Millionen an chronischer Nahrungsmittelunsicherheit.[22] In von Frauen geführten Haushalten ist die Wahrschein-

---

[22] United Nations Office for the Coordination of Humanitarian Affairs (Hg.): Humanitarian Needs Overview 2018: Afghanistan, Dezember 2017, S.24. URL: https://reliefweb.int/sites/reliefweb.int/files/resources/afg_2018_humanitarian_needs_ov

lichkeit, von Ernährungsunsicherheit betroffen zu werden, um 67 Prozent höher als in Haushalten, denen ein Mann vorsteht.[23] Wobei das United Nations Office for the Coordination of Humanitarian Affairs aber explizit darauf hinweist, dass unter anderem hohe Arbeitslosenzahlen, eine große Unterbeschäftigung, hohe Fortpflanzungsraten, die starken Flüchtlings- und Rückkehrerströme, aber auch die Tatsache, dass Frauen vom Berufsleben überwiegend ausgeschlossen sind, zu einer angespannten Ernährungslage führen.[24] In 15 der 34 Provinzen des Landes sind die Menschen von schwerer akuter Unterernährung betroffen.[25] Rund 1,9 Millionen Afghanen leiden unter akuter und 6,7 Millionen an chronischer Nahrungsmittelunsicherheit.[26] Jährlich sind über 1,6 Millionen Kinder unter fünf Jahren und 443.000 Schwangere und stillende Mütter von akuter Unterernährung betroffen.[27] Fast 60 Prozent der unter Zweijährigen sind nicht richtig ernährt, 50,4 Prozent weisen einen Vitamin A-Mangel auf und 40,4 Prozent der Frauen, die zwischen 15 und 49 Jahren alt sind, leiden an einer, durch Eisenmangel hervorgerufenen, Anämie.[28] Der Hunger, vieler Menschen am Hindukusch, muss sich dem unterordnen, was ihr Portemonnaie hergibt. Die Ernährungssicherheit afghanischer Haushalte ist eng an den Erwerb eines tragfähigen Einkommens gekoppelt. In vielen Familien schränken sich die Eltern ein. Sie verzichten auf eine Mahlzeit, damit ihre Kinder über den Tag kommen. Fleisch ist ein Luxusgut. „Das

---

erview_1.pdf (Stand: 12.03.2018)
[23] Food Security Cluster Afghanistan (Hg.): FSAC Strategic Response Plan (SRP) 2018, S. 3. URL:http://fscluster.org/sites/default/files/documents/fsac_strategic_response_plan_srp_2 018.pdf (Stand: 12.03.2018).
[24] Ebd.
[25] United Nations Office for the Coordination of Humanitarian Affairs (Hg.): Humanitarian Needs Overview 2018, Dezember 2017, S. 28. URL: https://reliefweb.int/sites/reliefweb.int /files/resources/afg_2018_humanitarian_needs_overview_1.pdf (Stand: 12.03.2018)
[26] Ebd., S. 24
[27] Ebd., S. 28
[28] Ebd.

kommt", wie Hamid aus eigener Erfahrung weiß, „nur einmal pro Woche oder Monat, in ganz armen Familien sogar nur im Abstand mehrerer Monate auf den Tisch, da es sehr teuer ist." Fladenbrot, Reis und Gemüse sind die Nahrungsgrundlage vieler Afghanen. Der Dreiundzwanzigjährige erklärt, dass gerade die Armen zum Frühstück nicht mehr zu sich nehmen als eine dünne Suppe und ein wenig Brot. Zum Mittagessen gebe es ein wenig Reis und Gemüse – zumindest für die Kinder. „Und zum Abendbrot können sich die Armen", laut Hamid, „wieder nur eine dünne Suppe und etwas Brot leisten." Die Folge: Rund 600.000 Kinder im Land, die unter solchen Verhältnissen leben, sind stark unterernährt und benötigen dringend medizinische Hilfe.[29] Tragisch ist auch die Tatsache, dass „jedes Jahr rund 400.000 Schwangere und stillende Mütter unter akuter Unterernährung" leiden.[30] Und das wirkt sich auch nachhaltig auf den Gesundheitszustand von Säuglingen und jungen Kindern aus. Wenn das Essen nicht ausreicht, fehlen nicht nur Kalorien, sondern auch wertvolle Vitamine, Spurenelemente, Eiweiße, Kohlenhydrate, Fette und andere essenzielle Nahrungsbestandteile, die für ein intaktes und aktives Leben unabdingbar sind. Die Folgen sind fatal: Wachstumsstörungen, eine hohe Anfälligkeit für wiederkehrende Erkrankungen, bleibende Entwicklungsschäden und die lebenslange Beeinträchtigung kognitiver Fähigkeiten.[31] So entsteht ein Teufelskreis, denn Krankheiten und Infektionen führen zu weiterem Gewichtsverlust, der sich einmal mehr negativ auf die Entwicklung der Heranwachsenden auswirkt und die Todesrate weiter nach oben treibt. Zusammen mit den desaströsen hygienischen Verhältnissen, in denen die Menschen leben, gehen Nahrungsmangel und

---

[29] United Nations Office for the Coordination of Humanitarian Affairs (Hg.): Humanitarian Needs Overview 2017, November 2016, S. 30.
URL: http://reliefweb.int/sites/reliefweb.int/files/resources/afg_2017_hno_english.pdf
(Stand: 12.03.2018)
[30] Ebd.
[31] Ebd.

das Fehlen von Ärzten und Medikamenten eine lebensbedrohli-
che Verbindung ein. Genau wie bei Kindern führen auch bei Er-
wachsenen Unter- und Mangelernährung beispielsweise zu
Müdigkeit, Konzentrationsschwäche und mindern die körperlichen und geistigen Fähigkeiten, da der Körper die fehlende Ener-
gie durch eine Verminderung der Leistungsfähigkeit ausgleicht.
Obwohl Hamid die genannten Zahlen und Fakten nicht kennt,
weiß er, wovon die Rede ist. Missratene Ernten sorgten, genauso
wie in anderen Familien, bei ihm zuhause für karge Speisen und
auch leere Teller. „Mit kaum etwas zu essen im Magen habe ich
mich auf dem Feld abgerackert", erzählt er. „Das zehrt an den
Kräften. Ich kam schnell aus der Puste, war bald erschöpft, und
bei der Hitze, die im Sommer herrscht, bekam ich stellenweise
Probleme mit dem Kreislauf. Morgens sei er kaum aus dem Bett
gekommen, weil er ausgelaugt und müde war. Wenn das Wetter
mitspielt kann Hamid drei Ernten im Jahr einfahren. „Also raff-
te", er sich auf, „in der Hoffnung einen größeren Ertrag einzufahren, um die kalte Jahreszeit zu überstehen. Die Arbeit ging mir
mehr schlecht als recht und schleppend von der Hand. Die Welt
drehte sich, verschwamm vor den Augen, der Boden schwankte
unter den Füßen, und das Leben von Hamid geriet mehr als nur
einmal aus dem Gleichgewicht. Augenblicke, die ihm wie eine
Ewigkeit vorkamen, dabei handelte es sich nur um Sekunden, in
denen ihn der Schwindel befiel und in die Knie zwang. Das Ka-
russell in seinem Kopf rotierte bis die Schläfen pochten und das
Brummen in seinen Ohren alles um ihn herum übertönte. Selbst
als sich der Kreislauf wieder stabilisiert hatte, habe er das Gefühl
gehabt, völlig neben sich zu stehen. „Ich war benommen und arbeitete nach einer Pause langsam weiter, um große Anstrengungen zu vermeiden", erinnert sich Hamid. „Aber ich konnte nicht
die Arbeit leisten, die ich normalerweise erbringe." Eigentlich
brauchte sein Körper Nahrung und Ruhe, doch beides habe er
ihm nicht geben können. Hätte er ihm die notwendige Auszeit

gegönnt, hätte er sich nicht um die Landwirtschaft kümmern und Nahrungsmittel produzieren können. Sein körperlicher Zustand setzte Hamid zusätzlich unter Stress. Der Druck, Erträge einzufahren, lastete infolge einer missratenen Ernte ohnehin schon schwer genug auf ihm. „Jetzt kam auch noch hinzu, dass ich nicht wirklich einsatzfähig war. Das bereitete mir Sorgen", erzählt er. „Es wäre eine Lüge zu behaupten, dass ich keine Angst hatte. Ich fürchtete mich vor jeder neuen Schwindelattacke, weil ich nicht wusste, wann und wo sie auftrat, ob ich den Strapazen überhaupt noch gewachsen war oder vor Erschöpfung zusammenbrechen würde und ob im Fall der Fälle Hilfe zur Stelle gewesen wäre." Sich darüber den Kopf zu zermartern habe nichts an der Tatsache geändert, dass das Tagwerk verrichtet werden musste. Letztendlich habe er seine Bedenken beiseite geschoben und weitergearbeitet so gut es eben ging, denn den anderen Familienmitgliedern sei es nicht anders ergangen als ihm. „Was blieb uns denn für eine Wahl? Letztlich standen wir vor der Entscheidung, eine Verschnaufpause einzulegen und vor leeren Tellern zu sitzen oder bis zum Umfallen zu Arbeiten mit der Aussicht, eine bessere Ernte zu erzielen, wenn das Wetter mitspielt", analysiert Hamid rückblickend die Situation, in der er und seine Familie gefangen waren. Angesichts dieser Alternativen sei es keinem von ihnen schwer gefallen, trotz der gesundheitlichen Rahmenbedingungen die verbliebenen Kräfte zu mobilisieren in der Hoffnung, dass sich die Lage in absehbarer Zeit zum Positiven wendet. Einen anderen Ausweg hätte es nicht gegeben. „Im Nachhinein kann ich sagen, dass mir eine Riesenlast von der Seele fiel, als sich abzeichnete, dass sich die Entbehrungen und Mühen ausgezahlt hatten", so der Dreiundzwanzigjährige. „Wenn die Ernte ebenfalls schlecht ausgefallen wäre, hätten wir Saatgut und weitere Nahrungsmittel, bei ohnehin knapper Kasse, kaufen müssen. Unter diesen Umständen wäre es nur eine Frage der Zeit gewesen, bis uns das Geld ausgegangen wäre." Zurücklehnen konnte und kann sich Hamid deshalb nicht. Was bleibt, ist die Ungewissheit

darüber, wie sich die Pflanzen auf dem Feld in der nächsten Saison entwickeln. Mit einem Schlag könnten jederzeit wieder alle Mühen und Investitionen umsonst gewesen sein und das Bangen erneut beginnen, eine Bürde, mit der Hamid, seine Familie und andere in Afghanistan leben müssen. So groß die Unsicherheit ist, so sicher ist, dass es keine Sicherheit gibt, und gerade die wünscht sich der junge Mann mehr als alles andere. Die Alltagsprobleme, denen sich er und andere Menschen in seinem Heimatland gegenübersehen, kennt er nur zu gut. „Ich wünsche mir Schutz, eine planbare Existenz, ein gutes Auskommen frei von dem Ballast, der mich bedrückt, ein glückliches und unbefangenes Leben mit meiner Familie", sagt er. „Die Hilfe, die nach Afghanistan kommt, ist wichtig, aber was bringt sie mir, wenn sich an meiner Gesamtsituation nichts ändert, weil Drohungen, Überfälle oder Kämpfe verhindern, dass sie bei mir ankommt? Das Leben, das ich mir wünsche, kann ich mir so nicht aufbauen."
Hamid hat in seinem Leben viel gesehen und erduldet. Der Dreiundzwanzigjährige möchte nur eines, ein sorgen- und angstfreies Leben. Er erinnert sich an die Nacht, in der die Taliban in sein Dorf kamen. Sie hefteten einen Zettel an die Türe seines Hauses. In verschiedenen Zeichnungen sei darauf ein Mädchen zu sehen gewesen, das von seinen Eltern in die Schule geschickt wird. Von Bild zu Bild veränderte sich dessen Körperhaltung. „Es ging zunehmend gebückt, ihm wuchsen Haare, das Gesicht veränderte sich und am Ende hat es sich in einen Affen verwandelt", erinnert sich Hamid. Ein typischer „Nachtbrief", wie die Zettel auch genannt werden. Sie sind immer gleich aufgebaut. Ein Teil des Flugblattes enthält einen Text für diejenigen, die lesen können, und der andere Teil besteht aus Zeichnungen, die es Analphabeten ermöglichen, die Botschaft zu verstehen. Mit diesen Drohschreiben wollen die Taliban Furcht verbreiten, wie ich bei anderer Gelegenheit von einem Soldaten der Internationalen Sicherheitsunterstützungstruppe erfuhr, der mir eines dieser Flugblätter

zeige, das ihm Einheimische zugesteckt hatten. Hamid ist klar, was die Taliban mit dem Zettel an seiner Tür zu erreichen versuchen. „Sie wollen nicht, dass Eltern ihre Töchter zur Schule schicken", sagt er. „Viele glauben, dass sie sich in einen Affen verwandeln. Aufgrund fehlender Bildung wissen sie es nicht besser und fallen leichtgläubig auf den Inhalt eines solchen Flugblattes herein. Dass dabei mit der Unwissenheit und der Furcht der Leser gespielt wird, kommt denen, die einen derartigen Nachtbrief für bare Münze nehmen, nicht in den Sinn." Die Taliban wollen ihm zufolge nicht einfach Eltern davon abhalten, ihre Töchter zur Schule zu schicken, sondern gezielt einen Keil zwischen die Bevölkerung und die internationalen Sicherheits- und Hilfskräfte treiben. „Das haben sie die ganze Zeit getan und sie waren dabei nicht erfolglos", fährt der Dreiundzwanzigjährige fort. In einem benachbarten Dorf hätten die Taliban dem Dorfältesten sogar ein Ohr abgeschnitten, weil er sich mit ausländischen Soldaten unterhalten habe. „Die fremden Streitkräfte kommen in unsere Dörfer, fragen, ob wir Taliban gesehen haben, woher sie kamen und wohin sie gingen. Natürlich wollen sie auch helfen", sagt Hamid. „Aber sie können uns nicht schützen, denn sie gehen wieder, aber die Taliban, die sind und waren immer hier. Wenn weder die ausländischen, noch die einheimischen Sicherheitskräfte mit ihnen fertig werden, dann bleibt mir nichts anderes übrig, als mich mit ihnen zu arrangieren." Die Taliban seien stärker geworden, würden über finanzielle Mittel und Waffen verfügen. Seit 2001 hätte die radikal-islamistische Gruppierung ein komplexes, widerstandsfähiges und facettenreiches System aufgebaut, das ihnen einen stetigen Geldzufluss in Afghanistan und der Region sichere. „Sie haben ihre Finger im Opiumanbau, verdienen an der Produktion und dem Handel mit Rauschgift, investieren in Firmen, bertreiben Geldwäsche im großen Stil, entführen Menschen und erpressen Lösegeld", berichtet Hamid. „Und dazu haben sie noch jede Menge Geldgeber im Ausland sitzen. Die Taliban zu bekämpfen ist schwierig, und einfache Bauern wie ich werden be-

stimmt nicht ihr Leben riskieren und sich mit ihnen anlegen."
Hamid schüttelt den Kopf. Als die westliche Allianz nach Afghanistan kam, war er erleichtert. Endlich würde die Schreckensherrschaft der Gotteskrieger ein Ende haben, wie er und viele andere hofften. Die Männer stutzten ihre Bärte, und jeder Mann und jede Frau glaubte, dass die Tage der Willkürherrschaft, in der Hinrichtungen Gang und Gäbe waren zu Ende sind. „Und heute stehen wir wieder vor dem gleichen Problem", erklärt Hamid. „Die Taliban kommen in unser Dorf, drohen, foltern, verschleppen oder töten uns, und keiner ist da, der uns hilft." Er hat Angst, dass sie irgendwann auch in sein Dorf kommen, Häuser niederbrennen und Gräueltaten an den Bewohnern verüben. „Das Leben ist ein einziger Kampf ums Dasein, nichts weiter", bilanziert er mit leiser Stimme, während er die Stirn seiner Frau erneut mit einem nassen Tuch abtupft. Samira hat in der Zwischenzeit das Bewusstsein vollständig verloren. Aber sie atmet noch, wie mir Hamid versichert. Nach einer Fahrt von etwa sechs Stunden kommen wir endlich in Kunduz an. Während ich Hilfe organisiere, versucht Hamid seine Frau auf der Ladefläche des Kombis wachzurütteln. Als ich mit den Helfern zurückkomme ist Samira noch immer bewusstlos. Wir holen sie aus dem Wagen und legen sie auf eine Trage. Hamid nimmt meine Hand. Er bedankt sich bei mir. Dann läuft er zu seiner Frau, die von den Helfern ins Krankenhaus geschoben wird. Ich sehe ihnen noch nach, bis sie im Flur der Klinik verschwunden sind. Was aus Samira geworden ist, ob sie die Geburt überlebt hat und zusammen mit ihrem Mann zurück in ihr Dorf gegangen ist, habe ich nie erfahren. Die junge Frau, die im Kofferraum meines Wagens ums nackte Überleben kämpfte, habe ich nie vergessen. Sie hat mir vor Augen geführt, wie fragil und erbarmungslos das Leben, in dem vom Krieg zerrütteten Land ist. Eine Erfahrung, die ich bald noch einmal machen durfte und die mich mitten in der Nacht überraschte.

Leben mit Behinderung

Ein ohrenbetäubender Knall reißt mich aus dem Schlaf. Alles um mich herum wackelt. Das Bett wird von der Wand weggedrückt, kippt zur Seite, ich schlage hart auf dem bebenden Boden auf. Rings herum kracht und klirrt es. Kommode und Tisch wandern durchs Zimmer. Der Putz fällt von den Wänden. Das ganze Haus zittert. Vor meiner Türe höre ich schnelle Schritte und lautes Geschrei. Zeit zum Nachdenken bleibt nicht, alles muss schnell gehen. Instinktiv springe ich auf, laufe zur Türe und spüre beim Öffnen wie selbst die Klinke in meiner Hand vibriert. Eilig renne ich den Männern hinterher, die mit Lampen durch den Flur ins Freie stürzen. Dann ist auf einmal alles vorbei. Nur die aufgeregten Stimmen der Nachbarn und der Menschen auf den Straßen durchdringen die Nacht. „Ein Angriff?", frage ich Farid, dem das Haus gehört. „Das versuchen wir gerade herauszufinden", antwortet er knapp. Die Frauen und Kinder sitzen angezogen auf den Gartenstühlen. Nila, Farids jüngste Tochter, drückt sich weinend an ihre Mutter, die sie auf ihren Schoß setzt und zu beruhigen versucht. Bis auf das kleine Mädchen sind alle erstaunlich gelassen. Farid öffnet das Eingangstor und wirft einen Blick vor die hohe Mauer, die sein Grundstück umzieht. Langsam kehrt auf der Straße wieder Ruhe ein. Von der Anspannung und Panik, die bis vor wenigen Minuten noch alle ergriffen hatte, ist nichts mehr zu spüren. Farid tritt vor das Tor, zieht eine Zigarette aus einer zerdrückten Schachtel, die er aus seiner Hosentasche gezogen hat, und zündet sie an. Nachdem er einige Züge genommen hat, winkt er mich zu sich. „Wir müssen uns keine Sorge machen", meint er. „Bei einem Angriff würden wir schon längst Schüsse und Gebrüll hören." Nach etwa einer Stunde ist Farids Verwandter zurück. Zusammen mit einigen anderen Männern hat er alles abgesucht. In einiger Entfernung sei eine Mine detoniert. Es gebe einen Explosionskrater. Er nimmt an, dass ein wildes Tier den Sprengkörper ausgelöst hat. Genaueres lasse sich aber erst bei Tageslicht feststellen. Farid reicht mir eine Tasse grünen Tee. Wir nehmen auf den großen Kissen Platz, die im Wohnzimmer auf dem Boden ausgebreitet sind. „Immer wieder erwischt es jemanden, auch Kinder", erzählt er. „Wenn einen die Detonation nicht umbringt, dann ist man für den Rest seines Lebens gehandicapt." Für die Angehörigen sei das eine große Bürde. Abgerissene Beine, Arme und Hände ließen sich zwar durch Prothesen ersetzen. „Aber was nützen künstliche Gliedmaßen, wenn das Leben der Betroffenen keinen Wert mehr hat?", äußert Farid. Ich frage ihn, wie er zu dieser Aussage kommt. Immerhin habe die afghanische Gesellschaft über Jahrzehnte hinweg Menschen hervorgebracht, denen der Krieg Körperteile raubte. „Das ist schon richtig, aber deine Arbeitskraft ernährt dich und deine Familie, und wenn du dein Leistungspotenzial wegen körperlicher Einschränkungen nicht in vollem Umfang nutzen kannst", so Farid, „dann hast du ein Problem, denn Menschen mit psychischen oder physischen Behinderungen erfahren in unserer Gesellschaft keine Akzeptanz." Das bestätigt auch mein guter Freund Shamsudin. Während des Bürgerkriegs schlug eine Rakete in der Nähe seines Hauses in Kabul ein. Er hörte nur einen ohrenbetäubenden Knall, dann fing alles um ihn herum an zu wackeln, die Decke fiel herunter und begrub ihn unter sich. Alles um ihn herum war dunkel, als er wieder zu sich kam. Er hörte Schreie und Rufe, in die er panisch einstimmte, in der Hoffnung, dass ihn jemand finden würde. Shamsudin hatte Glück im Unglück - Helfer hörten sein Schreien, schafften Stein für Stein, des Trümmerberges, der einmal sein Haus gewesen war, beiseite, bis sie ihn fanden. Erst als ihn das Sonnenlicht blendete, wusste er, dass die Ruine nicht zu seinem Grab werden würde. Shamsudin schöpfte wieder Hoffnung. Im Krankenhaus mussten die Ärzte sein Bein amputieren. Sein Leben war danach nicht mehr dasselbe. „Mit einer Behinderung ist es fast unmöglich, eine Arbeit zu finden", erzählt er. „Weil ich nichts anderes fand, arbeitete ich eine Zeit lang als Gepäckträger." Eine Arbeit, die schon für jemanden ohne Handicap ziemlich anstrengend ist. „Ein Jahr lang schleppte ich Tag für Tag Gepäckstücke zu Autos oder auf einem Handkarren zu den Leuten nach Hause", erinnert sich Shamsudin. „Ich hatte dauernd Schmerzen und der Beinstumpf entzündete sich. Es war keine gute Prothese, die ich damals hatte." Er machte einen Laden auf und verkaufte Lebensmittel, um seine Frau und die Kinder über Wasser zu halten. „Damals blieb mir keine andere Wahl, als mich selbstständig zu machen", sagt Shamsudin. Dabei könnte er problemlos in einem Büro arbeiten, schließlich kann er lesen und schreiben. Für mich ist deshalb schwer nachzuvollziehen, dass er, wie viele andere Menschen mit einer Körperbehinderung am Rande der Gesellschaft steht, gerade in einem Ballungsraum wie Kabul, wo es Bürojobs gibt. „Für jemanden, der nicht in Afghanistan als Behinderter leben muss, ist das sicherlich schwer zu verstehen, mit welchen Vorurteilen und Diskriminierungen Menschen wie ich leben müssen", fährt Shamsudin fort. „Ich bin in der glücklichen Lage, dass ich keine Krücken brauche, um Laufen zu können. Ich kann auch Autofahren." Andere, deren Behinderung sich nicht so einfach kaschieren lässt, die keine Prothese tragen, die im Rollstuhl sitzen oder geistig behindert sind, machen laut Shamsudin nahezu täglich Ausgrenzungserfahrungen. „Kinder reißen Witze, lachen sie aus und werfen ihnen gemeine Sachen an den Kopf", erzählt er. „Ich habe auch schon erlebt, wie ein Bettler, dem beide Beine fehlten, von einem Mann bespuckt und beschimpft wurde, als er auf der Straße um Almosen bat." Shamsudin stimmt die Situation, in der sich Behinderte in der afghanischen Gesellschaft befinden, traurig. Schließlich könnten sie nichts für ihr Leiden. „Jeder kann in eine solche Lage kommen - ein Bombenanschlag, Auto- oder Arbeitsunfall kann einem Hände, Arme oder Beine rauben", sagt Shamsudin. „Aber das spielt im Denken der meisten Menschen keine Rolle, genausowenig, dass auch Behinderte Rechte haben." Laut Farid werden Behinderte häufig als Schande für die Familien und die Gesellschaft angesehen. Eine Beratung, Begleitung, Förderung und Überstützung für Kinder und Erwachsene mit einer geistigen Behinderung gebe es nicht. „Manche Hilfsorganisationen weisen zwar entsprechende Angebote auf, aber letztlich stellen die nur einen Tropfen auf den heißen Stein dar", bilanziert er. „Bis Betroffene in unserer Gesellschaft ein weitestgehend akzeptiertes Leben führen können, das ihnen Chancengleichheit und Teilhabe ermöglicht, ist es noch ein weiter Weg." Shamsudin jedenfalls ist froh, dass er heute als kultureller Berater für Ausländer arbeiten kann und ihn seine Familie nicht pflegen muss. Wenn ein Mann aufgrund seines Handicaps nur ein geringes oder gar kein Einkommen erwirtschafte, sei das problematisch. „In aller Regel sind ihre Frauen und Töchter für ihre Pflege zuständig. Für sie ist das natürlich eine enorme Belastung, die das Armutsrisiko weiter erhöht, weil den Frauen weniger Zeit zum Geld verdienen bleibt und die Töchter Fehlzeiten in der Schule ansammeln oder sie gar nicht erst besuchen können." Behinderung sei in Afghanistan noch immer ein Tabu-Thema. Die wenigen Einrichtungen, die auf die Hilfe für Menschen mit körperlichen und geistigen Beeinträchtigungen spezialisiert seien, fänden sich ausschließlich in den Ballungsräumen. Die Mehrheit der betroffenen Kinder müssten deshalb ihr Dasein hinter verschlossenen Türen fristen, wo sich ihre Mütter um sie kümmern würden. Doch die könnten den Anforderungen, die Kinder mit Behinderungen nun einmal mit sich bringen kaum gerecht werden. Das gelte gerade mit Blick auf geistige Beeinträchtigungen. Zumeist seien es die Mütter, an denen die Betreuung eines behinderten Kindes hängen bleibe und die hätten kaum die Zeit und die Kraft, um ihm die Zuwendung zu geben, die es eigentlich benötige. „Außerdem sind die meisten Familien und Mütter gerade mit einem geistig behinderten Kind überfordert. Das ist nicht weiter verwunderlich, denn gerade im Hinterland gibt es keine Einrichtungen, an die sie sich wenden könnten, um sich beraten zu lassen", erzählt Shamsudin. „Stattdessen werden die Kinder oftmals einfach sich selbst überlassen. Dass sie Ansprache, Zuwendung, eine Freizeitbeschäftigung, eine schulische oder berufliche Bildung benötigen und eine Anleitung, damit sie lernen selbstständig zu essen, sich zu waschen oder umzuziehen, ist vielen nicht bewusst. Dabei können die Kinder durch das Einüben banaler Alltagsdinge zumindest teilweise auf eigenen Beinen stehen." Stattdessen würden die Eltern ihre Kinder weitestgehend von der Öffentlichkeit fernhalten. Mit so manchem Handicap lasse sich gut eine Schule besuchen, eine Ausbildung durchlaufen und ein selbstständiges Leben gestalten, doch sobald sie für die Mitmenschen wahrnehmbar sei, gestalte sich das Leben schwierig, weil die meisten ablehnend reagieren und die Betroffenen kaum akzeptieren würden. Der Besuch einer normalen Schule ist laut Shamsudin schwierig bis unmöglich, denn die meisten Schüler würden ihre Klassenkameraden mit körperlichem oder geistigem Handicap drangsalieren. Manche Eltern gäben ihre Kinder mit geistiger Behinderung in eine psychiatrische Heilanstalt. „Aber von dem was ihr im Westen unter einer adäquaten Versorgung solcher Menschen versteht, sind wir hier natürlich weit entfernt", sagt Shamsudin. „Einerseits fehlen die finanziellen Mittel, andererseits ausreichend qualifiziertes Personal und auch die Zahl spezialisierter Einrichtungen ist recht überschaubar." Angesichts des schnellen Bevölkerungswachstums und der Zahl der Menschen, die nach Afghanistan zurückkehren, wäre es dringend erforderlich, dass der Gesundheitssektor mit dieser Entwicklung Schritt halte. Aber das sei eben nicht gewährleistet. Den Vereinten Nationen zufolge lebten 1950 mehr als 7,7 Millionen Menschen in Afghanistan, 2015 waren es der Organisation zufolge über 32,5 Millionen.[32] Angesichts der derzeitigen Bevölkerungs-

---

[32] United Nations, Department of Economic and Social Affairs, Population Division: World Population Prospects: The 2015 Revision, Key Findings and Advance Tables. Working Paper No. ESA/P/WP.241. New York 2015, S. 18.
URL: http://esa.un.org/unpd/wpp/publications/files/key_findings_wpp_2015.pdf (Stand:

entwicklung prognostizieren die Vereinten Nationen für Afghanistan bis zum Jahr 2030 einen Anstieg der Bevölkerung auf über 43,8 Millionen Menschen, bis 2050 werden der Organisation zufolge fast 56 Millionen und bis zum Jahr 2100 über 57,6 Millionen Einwohner in dem Land am Hindukusch leben.[33] Für Shamsudin steht deshalb außer Frage, dass in seiner Heimat enorme Anstrengungen unternommen werden müssen, die wachsende Zahl an Menschen wirtschaftlich und sozial zu integrieren. Dabei gelte es das Gesundheitssystem weiterzuentwickeln und so auszubauen, dass eine adäquate Versorgung der Bevölkerung, bis in die entlegensten Winkel Afghanistans, sichergestellt sei. Das gilt für ihn gerade auch mit Blick auf Menschen mit Behinderung. Aber das sei bislang alles Zukunftsmusik. „Behinderte besitzen in meinem Land nicht die oberste Priorität. Da muss sich noch viel an der Denke meiner Landsleute ändern, damit sie Betroffene als gleichwertige Gesellschaftsmitglieder ansehen", erzählt er. „Ein Zugang zu notwendigen und essentiellen Arzneimittel ist für Menschen mit schweren Erkrankungen ebensowenig gewährleistet, wie der Zugang zu einer ärztlichen Versorgung." Shamsudins Tochter leidet seit einigen Jahren an Epilepsie. Ihren ersten Anfall bekam sie in ihrem letzten Schuljahr im Klassenzimmer. Anschließend hätten ihr die anderen Schüler „Aqila die Verrückte" nachgerufen und „Aqila macht sich in die Hose". Von da an war der Schulbesuch für sie ein Spießrutenlauf. Shamsudins Tochter konnte nichts dafür, dass sich während des epileptischen Anfalls ihre Blase entleerte. „Menschen mit einer schweren Erkrankung oder einer geistigen Behinderung haben eben nicht unbedingt und nicht immer eine Kontrolle über ihren Körper oder ihr Verhalten", weiß Shamsudin. „Deshalb können sie sich nicht unbedingt an moralische Werte, an Anstandsregeln halten. Und das wird in Afghanistan nicht gebilligt." Trotz Mobbing besuchte

---

12.03.2018)
[33] Ebd., S. 18

Aqila weiter die Bildungseinrichtung. Die Lehrer seien nicht begeistert gewesen, aber da es nur noch wenige Monate bis zum Schulabschluss waren, forderte Shamsudin hartnäckig, dass Aqila auf der Schule bleiben durfte. Nach einigem Hin und Her hätten die Lehrer eingewilligt. „Im Indira Gandhi Kinderkrankenhaus hier in Kabul bekommt sie die Medikamente, die sie braucht. Wäre das nicht der Fall, müsste ich die Medizin in Indien besorgen und das ist so gut wie aussichtslos. Bei der Sicherheitslage auf den Straßen birgt der Landweg nach Indien einfach zu viele Risiken." Außerdem würde eine solche Reise zu viel Geld verschlingen, unabhängig davon, ob sich Shamsudin mit dem Auto oder dem Flieger auf den Weg macht. Daher empfindet er es als großes Glück, dass die Arznei, ohne die seine Tochter nicht auskommt, nur wenige Kilometer von seinem Haus entfernt zu kaufen ist. Er hofft, dass sich ihr Zustand nicht verschlechtert. Auch wenn sie ansonsten ein ganz normales Leben führt, hat sie immer wieder schwere Anfälle. „Sie fängt an zu zucken, bekommt keine Luft, ihr Gesicht läuft blau an, ihre Blase entleert sich und anschließend ist sie total desorientiert", erzählt Shamsudin. „Ich mache mir große Sorgen. Wenn sie einen akuten Anfall hat und schnell auf ärztliche Hilfe angewiesen ist, muss sie jemand zum Krankenhaus bringen." Es gebe in Kabul zwar Ambulanzwägen, die zu Notfällen kommen, aber im dichten Verkehr der Hauptstadt sei nicht gewährleistet, dass der rechtzeitig zum Einsatzort komme. Shamsudin selbst hat es oft genug erlebt, dass ein Krankenwagen trotz Blaulicht nicht zügig vorankam, weil keiner der Verkehrsteilnehmer Platz machte. „Wenn dir etwas fehlt, dann musst du aus eigener Kraft und mit eigenen Mitteln irgendwie den Weg zum Krankenhaus schaffen", berichtet er. „Als Aqila in der Schule zusammenbrach haben mich die Lehrer auf dem Handy angerufen und mich gebeten sie abzuholen. Ich brachte sie sofort in die Klinik." Mit der Arznei die sie bekommt, geht es Aqila gut. Allerdings hofft ihr Vater, dass sich ihr Zustand nicht verschlechtert. Momentan arbeitet sie bei einem Onkel der ein kleines Hotel betreibt. Sie kümmert sich um seine Gäste, hilft in der Küche, macht die Betten und putzt die Zimmer. So ist laut Shamsudin gewährleistet, dass sie bei einem Anfall schnell und zuverlässig Hilfe erhält. „Für mich und meine Frau ist es beruhigend zu wissen, dass jemand da ist und auf sie achtet", offenbart er. „Aqilas Anfälle kommen ohne Vorwarnung. Es kann daheim passieren, bei der Arbeit oder wenn sie unterwegs ist. Deshalb hole ich sie von der Arbeit ab oder mein Bruder fährt sie nach Hause." Mehrere Heiratsverhandlungen verliefen erfolglos. Shamsudin macht sich keine Illusionen. Die Chance, dass Aqila einen Ehemann findet tendieren gen null. Er denkt oft an die Zukunft. Was aus Aqila wird, wenn er nicht mehr ist. Dann wird sich sein Sohn um sie kümmern müssen. Ob Abdullah in der Lage sein wird die Familie zu versorgen und darüber hinaus noch Medikamente zu kaufen, die mit zusätzlichen Kosten zu Buche schlagen, wird sich erst erweisen müssen. Klar ist für Shamsudin, dass sein Sohn studieren soll. Das sei schon einmal eine gute Voraussetzung für ein höheres Einkommen und Fachkräfte seien in Afghanistan rar gesät. „Einen guten Verdienst wird er brauchen, wenn er später eine Frau und Kinder, aber auch seine alten Eltern und seine kranke Schwester durchfüttern muss", weiß Shamsudin. „Mein Vater ist vor ein paar Jahren verstorben, aber bis zu seinem Tod lebten wir alle unter einem Dach. Genau wie meine Mutter. Sie lebt noch und leidet am grünen Star. Die Untersuchungen und Arzneimittel die sie braucht bezahle ich natürlich." Alles zusammen kostet den treusorgenden Familienvater jeden Monat viel Geld. „Es gibt eine Reihe von Programmen, die Menschen mit körperlichen Beeinträchtigungen eine Ausbildung ermöglichen oder sie durch Weiterbildungen wieder an den Arbeitsmarkt heranführen", erzählt Shamsudin. „Aber diese Programme müsste es in einer größeren Zahl und vor allem auch flächendeckender geben. Und es müsste mehr für Menschen mit geistigen Behinderungen getan werden." Für eine gesellschaftliche Integration Betroffener sollte das Schweigen über dieses Tabuthema gerade in den Medien und der Politik endlich gebrochen werden, wie Shamsudin meint. Es brauche ein flächendeckendes Netz von sozialen Diensten, Programmen und spezialisierten Einrichtungen und eine Einsicht in die Tatsache, dass Menschenrechte auch für Personen mit körperlichen und geistigen Behinderungen gelten. Darüber hinaus gibt es im Land noch Minen und Blindgänger, die vielen die Gliedmaßen rauben oder das Leben, wie Farid bemerkt. „Eine enorme Menge an Sprengkörpern wurde beseitigt, aber es liegen noch genügend von ihnen herum", berichtet er. Das Directorat of Mine Action Coordination gibt in einem 2017 veröffentlichten Bericht an, dass etwa 965,5 Quadratkilometer des Landes mit Minen und explosiven Kampfmittelrückständen kontaminiert sind.[34] Zwischen April 2016 und März 2017 wurden 1.783 Menschen von Landminen oder Blindgängern getötet oder verletzt.[35] Die derzeit bestehenden Konflikte und bewaffneten Auseinandersetzungen erhöhen die Wahrscheinlichkeit, dass sich die Zahl der Sprengfallen erhöht, wie das Directorate of Mine Aktion Coordination 2016 mitteilte.[36] Nach wie vor ist die Sicherheitslage im Land angespannt. Daher ist nicht davon auszugehen, dass sich die Situation in absehbarer Zeit nachhaltig verändert. „Es wird noch lange dauern, bis die ganzen Sprengfallen beseitigt sind", sagt Farid, dem nicht nur die Minen ein Dorn im Auge sind, sondern vor allem auch die Selbstmordattentate. „Jedes Mal, wenn wieder einer meint, dass er sich selbst

---

[34] Directorate of Mine Action Coordination: Mine Action Programm Afghanistan. Annual Report 1395, April 2016, S. 11. URL: http://dmac.gov.af/wp-content/uploads/2017/03/MAPA-Annual-Report-1395-2.pdf (Stand: 12.03.2018)

[35] Ebd., S. 11.

[36] Directorate of Mine Action Coordination/Mine Action Programm of Afghanistan: National Mine Action Strategic Plan 1395 - 1399 (2016 – 2020), April 2016, S. 10. URL: https://www.gichd.org/fileadmin/GICHD-resources/rec-documents/external-documents/Afghan_National_Mine_Action_Strategic_Plan_2016-20_.pdf (Stand: 12.03.2018)

hochjagen muss, leiden Menschen“, wettert er lautstark. „Diesen Fanatikern ist es völlig egal, ob ihre unschuldigen Opfer tot oder fürs Leben gezeichnet sind. Sie treiben ganze Familien ins Unglück und scheren sich einen Dreck darum.“ Der Familienvater ist ziemlich zornig. Für Selbstmordattentäter hat er keinerlei Verständnis. „Diese gottlosen Anschläge sind einfach nur menschenverachtend“, macht er unmissverständlich klar. „Die Opfer und deren Angehörige können einem einfach nur leidtun. Sie bekommen weder Schmerzensgeld, noch irgendeine Rente. Es ist einfach nur grausam, wie unschuldige Menschen auf so bestialische Weise, von Radikalen, missbraucht und kaputt gemacht werden.“ Seiner Ansicht nach hat der Krieg genügend Opfer hervorgebracht, die nie wieder ein normales Leben führen können. „Bombenanschläge und Kämpfe bringen keine Lösungen, sondern nur neue Katastrophen, hervor“, das weiß Farid, der sich nichts weiter als Frieden wünscht, nur zu gut.

Eine kleine Geschichte der Frauenrechte

Eine, die Farids Frustration gut verstehen kann, ist Faihmeh. Die Sechzigjährige klettert, in ihrer Wohnung, die Leiter hinauf und greift nach einer grauen Schuhschachtel, die ganz oben auf dem Schrank liegt. Als sie den Deckel öffnet, kommen zahllose Bilder zum Vorschein, Erinnerungen, die sie jahrzehntelang aufbewahrt hat und gerne teilt. Sie kippt den Inhalt der Schachtel auf den Tisch und beginnt die Fotos durchzusehen. Es dauert nicht lange, bis sie mir das erste zeigt. Darauf ist sie Mitte der Siebzigerjahre mit ihrer Mutter zu sehen. Faihmeh ist etwa zwanzig Jahre alt und trägt einen Rock, dessen Saum knapp über dem Knie endet. Ihr Haar ragt unter dem Tuch hervor, mit dem sie nur leicht ihren Kopf bedeckt. Damals spazierte sie in den Abendstunden mit ihrer Schwester und Freundinnen gerne durch die Parkanlagen von Kabul. „Wir gingen ins Theater und sahen uns im Kino Filme an", erzählt sie. Faihmeh muss lächeln, als sie auf ein Foto stößt, das sie zusammen mit einer anderen Frau in der Arbeitskleidung einer Krankenschwester zeigt - Faihmehs Traumberuf. „Mir gefiel es einfach, Kontakt zu anderen Menschen zu haben und ihnen dabei zu helfen gesund zu werden oder ein Kind auf die Welt zu bringen", sagt sie. „Darum hatte ich mich für diese Ausbildung entschieden." Zahlreiche Frauen hätten in der Regierungszeit der Kommunisten die Universität besucht und im Bildungs- und Gesundheitssektor gearbeitet. Zumindest in den Städten sei es den Frauen damals möglich gewesen am sozialen, wirtschaftlichen und kulturellen Leben teilzunehmen. Faihmeh denkt gerne an diese Zeit zurück. Im Nachhinein betrachtet sei das die schönste Zeit ihres Lebens gewesen. „Es herrschte Frieden, an den Wochenenden sind meine Eltern mit mir und meiner Schwester zum Picknicken gefahren, wir unternahmen Spaziergänge außerhalb der Stadt und im Winter haben wir die Skier rausgeholt", erzählt sie begeistert. „Ja, in Afghanistan konnten die Menschen früher einmal Skifahren. Es gibt hier im Winter ja auch genug Schnee." Als sie das Bild betrachtet, auf dem sie in dicken, warmen Kleidern zu sehen ist und lachend auf den Brettern steht, wird sie etwas nachdenklich. Im Nachhinein betrachtet sei es kaum zu glauben, dass es damals die Möglichkeit gegeben hätte auf Skier einen Hang herunter zu brausen - noch dazu für Frauen. Sie konnte es als junges Mädchen kaum erwarten, bis die ersten Schneeflocken fielen. „Kaum war die Schneedecke hoch genug, bekniete ich meinen Vater, mit mir Skifahren zu gehen", sagt sie lächelnd. „Ich habe es geliebt, und ich war wirklich gut." Ihr Vater war ein gebildeter Mann gewesen. Bis zum Ausbruch des Krieges gegen die Sowjets hatte er als Kaufmann gearbeitet. Gemeinsam seien sie oft durch die Straßen der afghanischen Landeshauptstadt geschlendert. Manchmal habe er ihr etwas gekauft, eine Bluse, einen Rock, eine Kette oder einfach etwas, das sie sich wünschte. Damals sei die Welt noch in Ordnung gewesen, zumindest für sie. Wie viele andere Mädchen konnte sie die Schule besuchen, eine Ausbildung machen. „Die Kommunisten wollten die Gleichberechtigung von Mann und Frau durchsetzen", erinnert sich Faihmeh. „Sie führten die Koedukation ein, Jungen und Mädchen teilten sich einen Klassenraum. Damit stießen sie viele vor den Kopf, allen voran die Geistlichen und natürlich auch die konservativen Bevölkerungskreise." Selbst Frauen hätten sich geweigert die Alphabetisierungskurse, die angeboten wurden, zusammen mit Männern zu besuchen. Dass die Kommunisten eine Schulpflicht einführten, die auch Mädchen einbezog, dagegen hätte aus Sicht vieler nichts gesprochen. Schließlich galt Bildung als hohes Gut, an dem ebenso Frauen einen Anteil haben konnten. „Dass dabei aber die Geschlechtertrennung außer Acht gelassen wurde, das war einfach nicht vermittelbar", erzählt die Sechzigjährige. Vor allem in den Dörfern tickten die Uhren anders, als in den Städten. „Dort sahen viele verächtlich auf Kabul, wo ihrer Ansicht nach die Lasterhaftigkeit keine Grenzen kannte", berichtet

Faihmeh. „Die Abschaffung des Brautpreises, die Festlegung eines Mindestalters für die Heirat, das Verbot von Zwangsehen oder die Burka zu tragen, waren Reformen, die während der Präsidentschaft von Nur Mohammad Taraki angestoßen wurden, die aber nicht allen schmeckten." Das Ziel seiner Partei, der Demokratischen Volkspartei Afghanistans, sei es gewesen aus dem Land einen sozialistischen Staat zu machen. Widerstand regte sich. Insbesondere weil die erzwungene Säkularisierung und damit die anvisierte Trennung von Staat und Religion, keineswegs im Sinne des muslimischen Klerus war. Gleiches galt für das Vorhaben eine Bodenreform durchzusetzen, in deren Zuge Großgrundbesitzer enteignet, ihre Ländereien ohne jegliche Entschädigung beschlagnahmt und umverteilt werden sollten. Gleichzeitig sah die Reform auch die Einführung einer Obergrenze für den Besitz an Land vor. Letztlich zielte diese Maßnahme darauf ab zu unterbinden, dass eine kleine Schicht von gut Situierten die Masse der landarmen oder landlosen Bauern ausbeutet. Dass eine derartige Reform den Unmut der Großgrundbesitzer erregen musste, ist nicht schwer zu erraten. Einerseits, weil im Islam das Eigentum an Grund und Boden als unantastbar gilt und die Reform andererseits nichts mit den Bedürfnissen und Problemen der hart arbeitenden Bauern zu tun hatte. Sie hatten nicht das geringste Interesse an Landbesitz, sondern forderten schlicht und einfach günstigere Pachtverhältnisse. Eine Barriere tat sich auch dort auf, wo Großgrundbesitzer die Funktion des Stammesführers oder die des geistlichen Führers bekleideten. Konfrontiert mit derartigen Konstellationen waren die Menschen kaum Willens das Stück Land, das ihnen im Zuge der Umverteilung angeboten wurde, zu übernehmen. Die unter Präsident Taraki anvisierte Modernisierung des Landes, zu der neben der Bodenreform die bereits erwähnten Vorstöße im Bereich der Frauenpolitik zählten, stieß in weiten Teilen der Bevölkerung auf wenig Gegenliebe. Dass nicht nur konservative und geistliche Kreise, sondern - wie das Beispiel der Alphabetisierungskurse ohne Trennung der Geschlechter zeigt - auch Frauen die Reformen ablehnten, zeigt, dass sie keinerlei Bezug zur Lebenspraxis, dem Alltag, den Traditionen, den kulturellen Gepflogenheiten und religiösen Realitäten der Menschen aufwiesen. Deshalb ist es nicht weiter verwunderlich, dass die Reformen der Regierung insbesondere im ländlichen Raum von den Menschen als etwas empfunden wurden, das ihnen von oben, gegen ihren Willen, aufgezwungen wurde und mit dem sie sich nicht identifizieren konnten. Ein Problem stellte dabei auch das Tempo dar, mit dem die Erneuerung der afghanischen Gesellschaft realisiert werden sollte. „Und genau das war schon dem großen Reformerkönig Amanullah Khan in den Zwanzigerjahren zum Verhängnis geworden", weiß Faihmeh. Der regierte von 1919 bis 1929 das Land. Amanullah ist für Faihmeh der Regent, unter dem die Frauenpolitik einen sehr hohen Stellenwert genoss. 1919 führte er für die weibliche Bevölkerung das aktive und passive Wahlrecht ein. Er wollte das Land orientiert an westlichen Vorbildern modernisieren. 1921 habe Amanullah eine Oberschule für Mädchen eingerichtet, an der die Schülerinnen im Nähen und Weben, in der Hauswirtschaft und der Kinderpflege unterrichtet wurden. Ab 1927 hätten die Schülerinnen an der Bildungseinrichtung auch Fremdsprachen erlernen können. „Amanullah war der Erste in der afghanischen Geschichte, der das Recht auf Schulbildung für alle Afghanen in der Verfassung festschrieb und damit die Frauen in die Bildung nachhaltig einbezog", so Faihmeh. Während seiner Regierungszeit seien viele Studenten und Studentinnen zum Studieren ins Ausland gegangen. „Die Rechte der Frauen wurden in Afghanistan nicht immer mit Füßen getreten", betont Faihmeh. „Auch wenn nicht alle Frauen von diesen Reformen profitierten, so ist es doch falsch anzunehmen, dass in Afghanistan immer Verhältnisse vorherrschten wie unter der Herrschaft der Taliban." Amanullah habe sich für die Gleichberechtigung der Geschlechter eingesetzt, den Schleierzwang aufgehoben und verordnet, dass die Einwohner Kabuls westliche

Kleidung tragen. Ebenso sei unter ihm der gemeinsame Unterricht von Mädchen und Jungen eingeführt worden, wie die Sechzigjährige weiß. Er habe die Polygamie unter Strafe gestellt, den Brautpreis abgeschafft, Frauen hätten ihren zukünftigen Ehemann selbst wählen und sich ohne dessen Einwilligung von ihm scheiden lassen dürfen. Allerdings gelang es Amanullah nicht, seine ehrgeizigen Reformen flächendeckend durchzusetzen. Sein Einfluss reichte bei Weitem nicht bis ins afghanische Hinterland hinein. Im Alleingang, ohne den Rückhalt von Stammesführern und Geistlichen, ließen sich die angestoßenen Veränderungen, die nachhaltig in gesellschaftliche Konventionen, religiöse und ethisch-moralische Vorstellungen eingriffen, nicht durchsetzen. „Er hat in sehr kurzer Zeit sehr viel angestoßen. Das alles kam viel zu schnell, und deshalb empfanden die meisten die Reformen als Diktat des Königshauses", erklärt Faihmeh. „Mit den gesellschaftlichen Veränderungen, die er anstrebte, wandte er sich in den Augen vieler gegen die islamischen Werte." Nicht umsonst hätten sich bereits 1924 die ersten Aufstände geregt und die Mullahs begonnen zu protestieren. 1927/28 bereiste Amanullah Russland, Frankreich, Deutschland, England, Italien, die Türkei, Ägypten, Indien und den Iran. Seine Frau, Königin Soraya, trug auf dieser Reise keinen Schleier. Das und die Tatsache, dass Amanullah unter dem Eindruck seiner Reise durch europäische Städte, zahlreiche der genannten Reformen anschob, erregte den Unmut vieler Afghanen und brachte sie schließlich vollends gegen ihn auf. Dazu trug nicht zuletzt auch die von ihm vollzogene Trennung von Religion und Staat bei. Verleumdungs- und Hetzkampagnen wurden losgetreten, die am Ende zu einer Rebellion führten und ihn 1929 zwangen, ins Exil zu gehen. „Sämtliche Reformen wurden daraufhin zurückgenommen, und die Mädchenschulen wurden geschlossen", berichtet Faihmeh. Für sie ist Amanullah Khan sowas wie ein politisches Idol. Sie ist überzeugt, dass er für die Frauen hätte viel erreichen können, wenn er bei der Umsetzung seiner Pläne behutsamer vorgegangen wäre.

Stattdessen habe sich die Frauenpolitik zum Kulminationspunkt der Kritik und zu einem verhängnisvollen Stolperstein für den König entwickelt. Am Ende habe ihn Habibullah Kalakani vom Thron gestoßen. Allerdings wollte sich Amanullah nicht einfach geschlagen geben und seine Position zurückerobern. Die Anstrengungen, die er unternahm, mündeten ins Leere und führten ihn damit ins Exil nach Rom. Dort starb Amanullah1960. Neun Monate nach seiner Machtergreifung ereilte Habibullah dasselbe Schicksal. Nach seinem Sturz folgte Nader Shah, der den sunnitisch-hanafitischen Islam wieder in die Verfassung aufnahm und die von Amanullah vollzogene Trennung von Staat und Religion aufhob. Insgesamt wies die Verfassung unter Nader Shah zahlreiche Parallelen zu der des Reformerkönigs Amanullah auf, allerdings war sie stark religiös geprägt. Nachdem Nader Shah 1933 bei einem Attentat ums Leben kam, bestieg dessen Sohn, Zahir Shah, 1933 den Thron. Unter ihm sind laut Faihmeh 1943 wieder alle Mädchenschulen eröffnet worden. Und nachdem die Kabuler Universität 1946 erneut ihre Türen öffnete, hätten auch Afghaninnen in den Folgejahren Schritt für Schritt die Chance zum Studium an der literarischen, humanistischen, naturwissenschaftlichen und medizinischen Fakultät erhalten. „Davon ausgenommen war natürlich die ländliche Bevölkerung", fährt Faihmeh fort. „Im Hinterland wurde die Bildung für Mädchen nicht als wichtig empfunden, und die Kinder mussten – wie auch heute noch – in der Landwirtschaft helfen, wo ihre Arbeitskraft gebraucht wurde. Für den Schulbesuch blieb da keine Zeit." 1959 sei unter Zahir Shah per Dekret der Schleierzwang abgeschafft worden. Aber den Schleier hätten höchstens die Frauen aus der Oberschicht abgelegt. Die breite Masse der Afghaninnen habe ihn weiter getragen. Und obwohl die Schulpflicht auch unter Zahir Shah Bestand hatte, war die Mehrheit vom Besuch der Bildungseinrichtungen ausgeschlossen - nicht zuletzt, weil es laut Faihmeh an der nötigen Infrastruktur mangelte. „Flächendeckend waren

Schulen nämlich gar nicht vorhanden und schon gar nicht ausreichend Lehrpersonal", erklärt sie. „Vom öffentlichen Leben waren die Frauen, die nach wie vor in arrangierte Ehen geschickt wurden und sich ohne die Einwilligung ihrer Ehemänner nicht scheiden lassen konnten, ausgeschlossen." Der große Modernisierer, als den sich Zahir Shah bei seinen Auslandsreisen gerne darstellte, sei er nicht gewesen. Die meisten Afghanen sähen das anders. Wahrscheinlich, weil seine Regentschaft im krassen Gegensatz zu dem Krieg stehe, der nur wenige Jahre nach seiner Entmachtung entbrannte. „Frauen konnten zwar als Ärztinnen, Journalistinnen oder im öffentlichen Dienst arbeiten, aber im Hinterland blieb alles beim Alten, an der Situation der Frauen änderte sich nichts", erzählt Faihmeh. „Es wird zwar immer hoch gelobt, dass die Frauen unter Zahir Shah durch die neue Verfassung von 1964 mit den Männern gleichgestellt wurden und das Wahlrecht erhielten, aber das gab es auch schon unter König Amanullah." 1973 wurde er von seinem Cousin Mohammed Daoud Khan, der unter ihm auch als Ministerpräsident tätig war, gestürzt. Daoud machte sich nach seiner Machtergreifung zum Präsidenten der von ihm ausgerufenen Republik Afghanistan. Unterstützt wurde er von der Demokratischen Volkspartei Afghanistans. 1976 richtete er seine politischen Aktivitäten an der von ihm ins Leben gerufenen Nationalen Revolutionären Partei aus. Die Demokratische Volkspartei war 1966 verboten worden. In der weiteren Folge zerbrach sie in die Khalq- und Parcham-Fraktion. 1977 fanden die beiden Flügel unter dem Zutun der Sowjetunion wieder zusammen. Außerdem stellte die im selben Jahr verabschiedete Verfassung Männer und Frauen rechtlich absolut gleich. Die Verfassung von 1964 hatte lediglich alle Afghanen als rechtlich und gesetzlich gleich angesprochen. Nun waren die Frauen explizit erwähnt worden. In gewisser Hinsicht war das ein Fortschritt, trotzdem blieb das Gewohnheitsrecht gerade außerhalb der Ballungszentren bestimmend und nicht das, was der Staat in irgendeinem Papier vorschrieb. „Laut Gesetz konnte die Initiative zur Scheidung auch

von der Ehefrau ausgehen, die Polygamie war zwar erlaubt, aber
wenn eine der Frauen in irgendeiner Weise gegenüber den anderen benachteiligt wurde, konnte sie gegen ihren Ehemann kla-
gen“, erinnert sich Faihmeh. „Aber die Macht des Staates reichte
nicht bis hinter die Türen der Häuser. Sprich: Das was den Frauen
an Rechten gesetzlich zugestanden wurde fand in den Familien
noch lange keine Anwendung.“ So sei es in der Frauengeschichte
Afghanistans immer gewesen und so sei es noch heute. Kritsch
gesehen wurde laut Faihmeh die Tatsache, dass die Kommunisten
die traditionell und feudal geprägte Gesellschaft komplett umzu-
bauen versuchten. Die anvisierten und vollzogenen Veränderungen griffen dabei tief in die ökonomischen, kulturellen und sozialen Eckpfeiler der Beziehungen zwischen den Geschlechtern ein
und damit in die Familienverhältnisse. Gerade die Männer sahen
die Purdah, die Verschleierung der Frau und ihre Trennung vom
anderen Geschlecht, in Gefahr. Die ist, in einer Gesellschaft, in
der strikte Normen- und Verhaltensregeln gelten, eng mit dem
Empfinden von Ehre und Scham verbunden. Das Leben wird davon bestimmt, was andere von einem denken und halten, welchen
Eindruck ein Gesellschaftsmitglied erweckt und hinterlässt.
Dementsprechend gilt es für Männer und Frauen den Vorgaben
des sozialen Moralsystems zu folgen. Dazu gehört laut Faihmeh
auch, die weiblichen Familienangehörigen von Männern, die
nicht zum familiären Verband gehören, strikt zu trennen. „Die
Purdah wird zum Beispiel in den Kleidungsvorschriften, den
Mauern, die um die Häuser gezogen werden, in der Raumauftei-
lung in den Unterkünften oder am Grad der Bewegungsfreiheit
einer Frau sichtbar“, erzählt Faihmeh. „Bei den Paschtunen beispielsweise sind die Frauen komplett auf das Haus beschränkt.“
Es gebe bei dieser Ethnie auch durchaus Fälle, in denen die Frau
mit Vollzug der Heirat nie mehr den Schleier ablege. „Das heißt,
dass selbst ihr Ehemann sie nicht unverschleiert zu Gesicht bekommt“, berichtet die Sechzigjährige. Im Gegensatz dazu stün-

den die Hazara, bei denen es durchaus gängig sei, dass die Frauen auch an Ratsversammlungen teilnehmen und dort ihre Interessen vertreten würden. „Die Rechte der Frauen variieren von Provinz zu Provinz, von Tal zu Tal, von Dorf zu Dorf und von Ethnie zu Ethnie. Darüber hinaus sind sie abhängig von der sozialen Schicht und dem Bildungsgrad“, weiß Faihmeh. „Damit variiert auch die Auslegung der Purdah, die bei den Paschtunen die strikteste Form annimmt.“ Für die Sechzigjährige gibt es genügend Beispiele dafür, dass es Frauen in der afghanischen Gesellschaft zu etwas bringen können. Gut ausgebildete Frauen, die einen gut bezahlten Arbeitsplatz in einem Ministerium finden, bei einer Hilfsorganisation oder in einem Unternehmen, hätten Freiheiten. Es sei etwas grundlegend anderes, als Frau in der städtischen Oberschicht aufzuwachsen. Kabul sei das Zentrum des Landes. Dort gebe es Waren aus dem Westen, die neueste Mode, Kinos, Fitnessstudios, Gesundheitsdienste, schulische und akademische Einrichtungen. Die Kinder der Reichen hätten Zugang zu den Angeboten, die die Stadt für alle Lebensbereiche bereithalte. „Kinder aus wohlhabenden Familien können sogar im Ausland studieren“, erzählt Faihmeh. „Die Töchter der Reichen lernen lesen und schreiben und haben deshalb Zugang zu den wenigen Berufsmöglichkeiten, die es in den Städten gibt.“ Sie würden Sportclubs, Kino- und Theatervorstellungen besuchen oder an kulturellen, wissenschaftlichen und anderen gesellschaftlichen Veranstaltungen, Festen und Feiern teilnehmen. „Frauen aus der Oberschicht tragen in aller Regel keinen Schleier, und sie ziehen auch westliche Kleidung an“, berichtet die Sechzigjährige. „Wenn sie einen Beruf ausüben und noch dazu über ein gutes Einkommen verfügen, können sie sich freier und ungezwungener bewegen als Frauen aus ärmeren Schichten, die meist nicht erwerbstätig sind.“ Je unabhängiger die Frauen aufgrund ihrer beruflichen Tätigkeit seien und je mehr sie zum Einkommen der Familie beitragen würden, desto umfangreicher falle das Mitspracherecht bei allen Entscheidungen, die die Familie treffe, aus. Sie könnten mitentscheiden, welche Dinge im Haushalt angeschafft werden, welche Schule die Kinder besuchen, wie sie erzogen werden, und auch in finanziellen Fragen könnten die Frauen ihre Meinung einbringen. „Wenn Frauen aus der Oberschicht aber selbst keinem Beruf nachgehen, dann seien sie auf ihre Männer angewiesen und hätten dementsprechend weniger Entscheidungsbefugnisse", bilanziert Faihmeh. Sie bestätigt meinen Eindruck, den ich im Verlauf vieler Gespräche und Beobachtungen gewonnen habe: Die Situation der Frauen in Afghanistan ist sehr unterschiedlich und lässt sich nicht pauschal betrachten. Natürlich gebe es genügend Beispiele dafür, wie Frauen unterdrückt werden. Dennoch habe es in der Geschichte des Landes immer wieder Heldinnen gegeben, die bis zum heutigen Tage in der Bevölkerung verehrt und deren Taten in Geschichten und Erzählungen von einer Generation an die nächste weitergegeben werden. Malalai sei eine solche Heldin gewesen. 1878 marschierten die Briten in Afghanistan ein. Sie besetzten Kabul, Kandahar, Dschalalabad und Khost. 1880 kam es zur Schlacht bei Maiwand. Die britische Infanterie war, aufgrund ihrer für damalige Verhältnisse fortschrittlichen Waffentechnik, den afghanischen Truppen weit überlegen. So gelang es der ehemaligen Kolonialmacht, ihre Gegner in Schach zu halten und ihnen schwere Verluste zuzufügen. Die afghanischen Krieger mussten sich in eine Schlucht zurückziehen, wo sie ihre Verbände neu formierten. Unter großen Anstrengungen gelang es ihnen schließlich, die Briten aufzureiben und nach Kandahar zurückzudrängen. In dieser ersten Phase, in der die Schlacht von Maiwand für die Afghanen kein gutes Ende zu nehmen schien, riss Malalai ihr Kopftuch entzwei und hisste es als Flagge. Eine symbolträchtige Handlung, denn afghanische Frauen nehmen ihr Kopftuch nur beim Tod ihrer Männer ab. Eine Geste, die als Zeichen der Schutzlosigkeit verstanden wird. Der Fahnenträger der afghanischen Truppen war gefallen. An seine Stelle trat nun Malalai, die ihr Kopftuch als Flagge vor den Kämpfern hertrug. „Ihre Tat, mit der sie den Kriegern Mut machte, ist bis zum heutigen Tag ein Zeichen für Heldentum und die Einigkeit der Völker Afghanistans", berichtet Faihmeh. „Mit ihrer Tat ging Malalai als eine der couragiertesten Frauen in die Geschichte des Landes ein." Mädchenschulen und Krankenhäuser seien nach ihr benannt worden. „Wenn man aus dem Westen kommt, wird man sich fragen, wie es dazu kommt, dass eine Frau im 19. Jahrhundert an einem Krieg teilnehmen konnte", sagt Faihmeh. „Es war damals völlig normal, dass Frauen im Krieg die Lebensmittelversorgung übernahmen und die Verwundeten medizinisch versorgten." Das taten sie der Sechzigjährigen zufolge auch im Kampf gegen die Sowjetunion. Die Frauen hätten Essen zubereitet, die Wunden und Verletzungen der Kämpfer versorgt, Wäsche gewaschen und so die afghanischen Truppen im Kampf gegen die kommunistischen Besatzer unterstützt. Faihmeh wehrt sich gegen die häufig im Westen vorherrschende Ansicht, dass die Frauen in ihrem Land allesamt unterdrückt seien. Natürlich hätten Frauen gegen Widerstände zu kämpfen. Nach wie vor werden junge Mädchen zwangsverheiratet, Frauen von ihren Männern geschlagen, oder sie erhalten keine medizinische Versorgung, weil der Arztbesuch für Ehemänner oder Söhne als wichtiger befunden wird als für Frauen oder Töchter. Aber es gebe auch weibliche Vorbilder in der afghanischen Gesellschaft, Frauen, die in einer beruflichen Spitzenposition arbeiten und sich gegen die traditionellen Vorstellungen durchsetzen. Bestes Beispiel sind für Faihmeh all die Afghaninnen, die entgegen aller Widerstände für ihre Rechte streiten. „Sie werden verunglimpft, angefeindet, bedroht und belästigt", zählt Faihmeh auf und schimpft: „Das ist respektlos, erniedrigend, ärgerlich und eine seelische Belastung, schließlich haben auch Frauen einen Wert, eine Persönlichkeit und einen Anspruch auf Achtung." Doch diese tapferen Frauen lassen sich trotz alledem nicht davon abbringen, sich beruflich zu verwirklichen oder für die Rechte ihrer Geschlechtsgenossinnen zu streiten. „Das sind starke Frauen, die sich gegen konventionelle Vorstellungen stemmen und so langsam das Frauenbild verändern", hofft die Sechzigjährige. Die weibliche Bevölkerung habe in den Kriegsjahren viel erduldet und geleistet. „Die Russen fackelten ganze Dörfer mit Napalmbomben ab", fährt Faihmeh fort. „Die Bombardements zerstörten Krankenhäuser. Bei schweren Verletzungen blieb vielen nichts anderes übrig als nach Pakistan zu gehen, um medizinische Versorgung zu erhalten." Mit dem Auto, auf dem Pferd oder mit dem Esel seien die Kriegsopfer dorthin transportiert worden. Faihmeh half damals wo sie konnte. Sie erinnert sich an Menschen, denen Granatsplitter den Unterkiefer vollständig zerstörten, die mit abgerissenen Gliedmaßen, schwer blutend, in den notdürftig ausgestatteten medizinischen Einrichtungen nach Hilfe suchten, an Leichen die nach einem Bombenhagel herumlagen und schwer verwundete Opfer, die sich unter unsäglichen Schmerzen wanden und schrien, bis sie irgendwann verstummten, weil sie ihren Verletzungen erlagen. „Das was ich sah, werde ich nie vergessen", sagt sie. Ein Fall ist ihr besonders gut im Gedächtnis geblieben. Ein Mann, dem Granatsplitter den Unterkiefer weggerissen hatten. Ihn schickte der Arzt nach Pakistan, weil er nichts für ihn tun konnte. „Es war ein schlimmer Anblick", erzählt Faihmeh, die das Bild des dem Tode nahen Mannes noch heute vor Augen hat. Es gebe Fälle dieser Art, in denen die Betroffenen überlebt hätten. Von dem Mann habe sie allerdings nichts mehr gehört und auch nie wieder eine solche Verletzung im Gesichtsbereich gesehen. Das unaufhörliche Donnern der Artilleriegeschütze, das Dröhnen der Kampfflugzeuge, die ihre tödliche Fracht über den Bodenzielen abwarfen und der erschütternde Einschlag der Bomben, dringen noch heute an ihr geistiges Ohr. Die Vergangenheit holt Faihmeh immer wieder ein, bereitet ihr schlaflose Nächte, lässt sie keine Ruhe finden. Sie hat in ihrem Leben viel gesehen, zu viel, wie sie schluchzend feststellt. Mit der Erinnerung an den Geruch von Blut und Tod kehrt auch Beklemmung, Angst, Trauer, Schuld und Wut in Faihmehs Gegenwart zurück. Der Schrecken und das Entsetzen über die Ereignisse, denen sie beiwohnte und ausgesetzt war, nehmen für sie kein Ende. Für viele sei die medizinische Versorgung zu spät gekommen, anderen hätten die Ärzte nicht helfen können. „Was hätten wir mitten im Krieg mit einer rudimentären medizinischen Ausstattung anderes machen sollen? Fälle wie jene, in denen der Unterkiefer nur noch an Hautfetzen hing, konnten wir nicht behandeln", jammert sie. „An eine Rekonstruktion war nicht zu denken. So eine Operation konnte keiner durchführen. Es war schrecklich." Mit einem Taschentuch wischt sich die gelernte Krankenschwester die Tränen aus den Augen. Anschließend greift sie nach ihrer Tasse, die auf einem kleinen Tisch vor ihr steht. Sie nimmt einen Schluck des heißen Getränks und lehnt sich auf ihrem Sofa zurück. Faihmeh schweigt. Ihre Augen schweifen zum Fenster, auf dem sie für einige Augenblicke verharren. Nur das alltägliche Knattern und Brummen vorbeifahrender Motorräder, Autos und Laster, das sich mit den Stimmen und Schritten der Passanten auf der Straße vermischt, dringt durch das Fenster zu uns in die kleine Wohnung im zweiten Stock. Mit beiden Händen und starrem Blick hält Faihmeh ihre Tasse fest. Sie scheint in Gedanken versunken, der Welt um sie herum entrückt zu sein. Als ich sie gerade ansprechen will, beugt sie sich vor, stellt ihre Tasse langsam wieder auf dem Tisch ab. Gleich darauf zieht sie erneut ihr Taschentuch hervor, schneuzt hinein und erzählt weiter. Vor der Machtergreifung der Taliban hätten zahlreiche Frauen die Universität besucht. Etliche seien im Gesundheits- und Bildungssektor tätig gewesen, als Ärztinnen, Krankenschwestern, Pflegerinnen, Lehrerinnen, Professorinnen, aber auch als Journalistinnen oder Rundfunksprecherinnen im Medienbereich. „Vor der Machtergreifung der Taliban arbeiteten beispielsweise in Herat sehr viele Frauen als Lehrerinnen", berichtet Faihmeh. „Deshalb brach dort auch das Schul- und Ausbildungssystem vollständig zusammen, als die Taliban für die weibliche Bevölkerung ein Arbeitsverbot verhängten." Ob Schulbesuch, Universitätsstudium oder irgendeine andere Ausbildung - mit dem Beginn der Talibanherrschaft waren Frauen von der Bildung ausgeschlossen. Für die Sechzigjährige und andere mit denen ich sprach, stellt die Machtergreifung der Gotteskrieger das dunkelste Kapitel in Afghanistans Geschichte dar. „Gerade uns Frauen haben sie unsere menschliche Existenz geraubt", bringt Faihmeh ihre Erfahrungen in dieser Zeit auf den Punkt. Sie zwangen die Frauen in ihre Häuser, die sie nicht verlassen durften. Nur sehr wenige Medizinerinnen und Krankenschwestern sei es erlaubt gewesen in einigen Krankenhäusern zu arbeiten. Denn den Frauen war es untersagt, sich von männlichen Ärzten behandeln zu lassen. „Um die medizinische Versorgung der weiblichen Bevölkerung war es mehr als schlecht bestellt. Sie war gerade im Hinterland nie gut ausgebaut gewesen, aber unter den Taliban verschärfte sich die Lage weiter", betont die Sechzigjährige. „Wenn Frauen ihr Haus verließen, durften sie das nur in Begleitung eines männlichen Verwandten." Für die zahllosen Witwen, die der Krieg hinterlassen hatte, war das eine Tragödie, gerade dann, wenn sie keinen Sohn und keine männlichen Verwandten hatten. Faihmeh, deren Mann dem Bürgerkrieg zum Opfer fiel, bat einen Nachbarn, dem sie vertraute, sie zu begleiten, wenn sie einkaufen gehen musste oder andere Dinge zu erledigen hatte, für die sie gezwungen war ihre Wohnung zu verlassen. „War mein Sohn bei der Arbeit musste ich einen Fremden um Hilfe bitten", erzählt sie. „Hätten mich die Taliban in Begleitung eines Mannes erwischt, der nicht zur Verwandtschaft gehört, hätte ich nach geltendem Recht ausgepeitscht, geschlagen oder sonstwie misshandelt werden dürfen. Es war eine grausame Zeit." Darüber hinaus war es Frauen untersagt mit Männern zu sprechen oder ihnen die Hand zu geben. Außerdem mussten alle Afghaninnen die Burka tragen, die den Körper bis zu den Zehen verhüllen musste. „Frauen, deren Fußgelenke unter der Verschleierung hervorlugten peitschten die Taliban öffentlich aus", zählt die Tadschikin weiter auf. „Ihrer Ansicht nach sollte ein Fremder weder die Stimme, noch die Schritte einer Frau wahrnehmen. Aus diesem Grund war es Frauen verboten laut zu lachen oder Schuhe mit hohen Absätzen zu tragen." Ohne Begleitung von Vater, Bruder, Ehemann oder Sohn konnte Faihmeh genau wie andere Afghaninnen weder in ein Taxi steigen, noch ein Fahrrad oder Motorrad benutzen. Die Taliban seien sogar so weit gegangen, dass sie Frauen untersagten, sich auf ihrem Balkon aufzuhalten, farbenfrohe Kleidung oder Make-up zu tragen. „Das alles war viel zu sexuell, zu aufreizend", sagt die Sechzigjährige kopfschüttelnd. „Es kam vor, dass die Taliban Frauen die Finger abschnitten, weil sie Nagellack aufgetragen hatten." Im Grunde beschränkte sich das Dasein der weiblichen Bevölkerung unter den Gotteskriegern auf die eigenen vier Wände, die Hausarbeit, die Geburt von Kindern und Intimitäten mit dem Ehemann, dem sie das Leben so behaglich wie möglich machen sollten, wie Faihmeh betont. Eine Frau, die beschuldigt wurde außerehelichen Geschlechtsverkehr zu haben, drohte die Steinigung. „Beispiele dafür gibt es genügend. Im Kabuler Olympiastadion haben sie bis 2001 Frauen und Männer in den Pausen von Fußballspielen öffentlich hingerichtet oder Dieben Gliedmaßen abgetrennt", zählt Faihmeh weitere Schreckenstaten auf. „Es war ein Alptraum, vor allem für uns Frauen. Wir wurden vollständig aus dem öffentlichen Leben verbannt, wir wurden unsichtbar. Jedem Tier ging es besser als uns." Als die Schreckensherrschaft der Gotteskrieger 2001 ein Ende fand, atmeten Faihmeh und viele ihrer Landsleute, allen voran die Frauen, auf. „Trotzdem werden Frauen, die beschuldigt werden Ehebruch begangen zu haben, noch immer unter Jubelrufen von Männern hingerichtet", fährt Faihmeh fort. „Solche grausamen Ereignisse zeigen, dass es um die Rechte der Frauen in Afghanistan nach wie vor schlecht bestellt ist." Für derartige Verbrechen, die den Menschenrechten zuwiderlaufen, schämt sich die Sechzigjährige. Alle würden von einem besseren Leben, einem Leben ohne Krieg und Gewalt sprechen, doch davon könne nicht die Rede sein, wenn ein Teil der Bevölkerung unterdrückt, benachteiligt, weggesperrt und der Willkür ausgesetzt sei. „Dass Frauen auch etwas leisten und Afghanistans Zukunft mitgestalten können, haben sie doch schon zur Genüge bewiesen“, meint die Tadschikin. „Ich selbst habe eine Ausbildung gemacht, andere haben studiert, geben ihr Wissen in der wissenschaftlichen Lehre weiter oder arbeiten in einem Unternehmen oder führen es sogar.“ Für Faihmeh sind das genügend Lebensentwürfe, die zeigen, dass Frauen genauso begabt und talentiert sind wie die Männer. „Unser Land hat viele starke Töchter hervorgebracht, die selbstbewusst ihren Weg gehen und Tag für Tag ihr Leben meistern, mit oder ohne Ehemann“, stellt sie fest. „Das gilt es anzuerkennen und zu würdigen und nicht mit Füßen zu treten.“ Jamshid, der über die Jahre zu einem guten Freund von mir wurde und der mir regelmäßig zum Weihnachts- und Osterfest telefonisch oder in einer E-Mail seine guten Wünsche übermittelt, teilt Faihmehs Ansichten. Er würde sich wünschen, dass die Frauen in seinem Land die gleichen Rechte genießen wie ihre männlichen Landsleute. Ein Wunsch, der sich gerade auf die ländlichen Regionen des Landes bezieht. Dort würden den Menschen, damals wie heute, die finanziellen Mittel fehlen, um ihren Kindern eine entsprechende Ausbildung zu ermöglichen. Wenn das Geld vorhanden sei, würde den Söhnen der Gang auf die weiterführenden Schulen und Universitäten in den Städten und anderen Provinzen des Landes ermöglicht. Die Mädchen hätten hier das Nachsehen, auch weil sie erst einmal geeignete Wohnheime und Internate finden müssten, in denen sie geschützt wären und in denen nur Mädchen untergebracht seien, die von Frauen unterrichtet würden. „Natürlich waren es schon immer mehr Jungen als Mädchen, die die weiterführenden Schulen und Universitäten besuchten“, sagt Jamshid. „Aber das ist bis zum heutigen Tag der traditionellen und sozialen Struktur geschuldet, die in unserem Land vorherrscht.“ Immerhin würde die Mehrheit der Bevölkerung auf dem Land leben. Das spiegle sich auch im Bildungssystem wieder. „Was wir brauchen, ist eine moderne Erziehung und Bildung, vor allem auch für die Landbevölkerung", ist Jamshid überzeugt. „Die Armut weiter Bevölkerungsteile muss durch eine wirtschaftliche Entwicklung bekämpft werden, dann haben auch Frauen die Chance, ihre Dörfer zu verlassen, eine gute Ausbildung zu machen und sich beruflich zu verwirklichen." Der Zweiundfünfzigjährige weiß, dass das nicht von heute auf morgen zu erreichen ist. Angaben der Weltgesundheitsorganisation zufolge fiel Afghanistans Wirtschaftswachstum im Jahr 2015 auf 0,8 Prozent und für 2016 wurde lediglich ein Anstieg auf 1,2 Prozent prognostiziert.[37] Angesichts eines Bevölkerungswachstums von drei Prozent und geschätzten 400.000 Afghanen, die jedes Jahr auf den Arbeitsmarkt drängen, sieht es nicht danach aus, dass sich das Land aus eigener Kraft aus der Armut befreien kann.[38] Wird die ökonomische Leistung, die beispielsweise in illegalen Wirtschaftszweigen wie dem Menschenhandel oder der Opiumproduktion erbracht wird, in der Gesamtrechnung nicht berücksichtigt, dann ergibt sich sogar ein negatives Wirtschaftswachstum.[39] Die Lage am Arbeitsmarkt ist damit alles andere als rosig. Waren zwischen 2007 und 2008 noch 36 Prozent der Afghanen von Armut betroffen, stieg ihr Anteil an der Gesamtbevölkerung 2014 und 2013 schon auf 39 Prozent an.[40] Eine Zahl, die im aktuellen Bericht nochmals bestätigt wird.[41] 2017 gingen 45 Prozent der

---

[37] United Nations Office for the Coordination of Humanitarian Affairs (Hg.): Humanitarian Needs Overview 2017, November 2016, S. 8.
URL: http://reliefweb.int/sites/reliefweb.int/files/resources/afg_2017_hno_english.pdf (Stand: 17.10.2017).
[38] Ebd.
[39] Ebd.
[40] Ebd.

[41] United Nations Office for the Coordination of Humanitarian Affairs (Hg.): Humanitarian Needs Overview 2018, Dezember 2017, S. 5. URL:
https://reliefweb.int/sites/reliefweb.int/files/resources/afg_2018_humanitarian_needs_ov erview_1.pdf (Stand: 12.03.2018).

Bevölkerung einer Tätigkeit nach.[42] Gerade einmal 10,9 Prozent der Beschäftigten sind Frauen.[43] Bei den Männern sind es landesweit 79,2 Prozent.[44] Darüber hinaus erwirtschaften Frauen, die in Ballungsräumen leben, häufiger ein Einkommen (12,4 Prozent), als ihre Geschlechtsgenossinnen im ländlichen Raum (10,5 Prozent).[45] Bei den Männern ist es genau umgekehrt. Mit einem Anteil von 83,6 Prozent gehen diejenigen, die auf dem Land leben, öfter einer Erwerbstätigkeit nach, als jene, die in Städten und deren Speckgürteln ansässig sind (67,5 Prozent).[46] Darüber hinaus rangiert die Jugendarbeitslosigkeit weiter auf hohem Niveau. Aktuell suchen 18,6 Millionen Afghanen im Alter von 15 bis 24 Jahren eine Beschäftigung.[47] Hohe Arbeitslosenzahlen, ein marginales Wirtschaftswachstum, eine desolate Sicherheitslage, afghanische Rückkehrer, Migrationsströme aus Pakistan und dem Iran, aber auch eine weiterhin hohe Geburtenrate verschärfen die Situation am Arbeitsmarkt.[48] So wächst die Gefahr für die Stabilität des Landes weiter.[49] Deshalb ist es nur allzu verständlich, wenn Jamshid kritisiert, dass es wenig bringt möglichst viele Kinder zu beschulen, wenn deren Hoffnungen auf einen Job, gute Verdienstmöglichkeiten und ein sorgenfreies Leben unerfüllt bleiben. Jamshid kann sich lebhaft vorstellen, wie groß die Ent-

---

[42] The Asia Foundation (Hg.): A Survey of the Afghan People. Afghanistan in 2017, 2017, S. 68. URL: https://asiafoundation.org/wpcontent/uploads/2017/11/2017_AfghanSurvey_report.pdf (Stand: 12.03.2018)

[43] Ebd., S. 69

[44] Ebd.

[45] Ebd.

[46] Ebd.

[47] The World Bank: Unemployment, youth total (% of total labor force ages 15-24), März 2017. URL: https://data.worldbank.org/indicator/SL.UEM.1524.ZS?locations=AF (Stand: 12.03.2018)

[48] The World Bank/Islamic Republic of Afghanistan Ministry of Economy: Afghanistan Poverty Status Update. Progress at Risk, Mai 2017, S. 22. URL: http://documents.worldbank.org/curated/en/667181493794491292/pdf/114741-WP-v1-P159553-PUBLIC.pdf (Stand: 12.03.2018)

[49] Ebd.

täuschung sein muss, wenn ein junger Mensch am Schluss erkennt, dass ihm nichts anderes bleibt, als genau wie sein Vater als Bauer in einem kleinen Dorf zu leben und sich zu fragen, wie er über die Runden kommt oder wann die Radikalen wieder zuschlagen. „Wenn sie sich entschließen zur afghanischen Armee oder zur Polizei zu gehen, ist das gut für die Sicherheitslage, wenn sie aber zu den Radikalen gehen, dann ist das kontraproduktiv für den Frieden und den Wiederaufbau“, ist Jamshid überzeugt. „Und es kann auch nicht das Ziel sein, dass all die jungen Afghanen in die Anrainerstaaten gehen oder in Europa ihr Glück suchen.“ Ob Männer oder Frauen - Afghanistans junge Bevölkerung will nach Jamshids Erfahrung unbedingt weiterkommen. Sie möchten nach seinem Dafürhalten in keiner Sackgasse enden. „Diejenigen, die das nötige Geld haben begeben sich“, ihm zufolge, „in die Hände von Schleppern und gehen nach Europa. Hier hält sie nichts. Im Gegenteil.“ Die katastrophale Sicherheitslage und die Tatsache, dass sie nach dem Studium oder dem Schulabschluss keine Arbeit finden, mache die Entscheidung über Gehen oder Bleiben leicht. Es sei ein Teufelskreis. „Fehlen in einer Region Arbeitsplätze und Perspektiven, dann wird sie anfälliger für Aufständische“, so Jamshid. „Und wenn die Sicherheitslage in einem Gebiet desolat ist, dann gibt es auch keine Berufsmöglichkeiten. Da beißt sich die Katze in den Schwanz.“ Er könne nachvollziehen, dass junge Menschen das Vertrauen in einen dauerhaften Frieden und auf eine Verbesserung der Wirtschafts- und Arbeitsmarktlage deshalb verlieren. Diejenigen, die im Rahmen der Stationierung internationaler Kampftruppen eine Beschäftigung fanden, stünden nach deren Abzug auf der Straße. „Die Tagelöhner und Übersetzer, die auf den Truppenstützpunkten arbeiteten, müssen sich eine neue Beschäftigung suchen. Sie stellen sich zu Rückkehrern, Binnenflüchtlingen und zig anderen Arbeitssuchenden in eine Schlange, um am Ende mit leeren Händen nach Hause zu gehen“, schildert Jamshid nüchtern, was sich Tag für Tag auf dem Arbeitsmarkt abspielt. Da mache sich schnell Ernüchterung breit, auch, weil der Terror vor den Ballungsräumen nicht halt mache. Binnenvertriebene, Rückkehrer – die städtischen Neubürger merken schnell, dass sich an ihrer persönlichen Not nichts ändert. „Sie waren arm bevor sie in die Städte kamen und dort bleiben sie weiter arm. Ihr Umherziehen ist keine Lösung - sie sind jetzt nur an einem anderen Ort arm", murmelt Jamshid fast resigniert in seinen Bart und findet, „dass sich jeder, der seine Heimat verlässt, zweimal überlegen sollte, ob es sich tatsächlich lohnt alles stehen und liegen zu lassen, um woanders neu zu beginnen." Schießereien, Überfälle, Erpressungen, Entführungen, Anschläge – das, und vieles mehr, sind für meinen Freund zwar nachvollziehbare Gründe, um alles hinter sich zu lassen. Doch die Frage ist für ihn, ob damit tatsächlich alles besser wird. Allzu häufig kommen die Betroffenen seiner Meinung nach nur vom Regen in die Traufe. „Was bringt eine Flucht in die Nachbarländer oder nach Europa, wenn du kaum lesen und schreiben kannst, keine Ausbildung hast und zudem noch deine ganze Familie zurücklassen musst?", fragt er mich mit bohrendem Blick. „Ich kenne Leute, die nach Österreich, Deutschland, Dänemark oder Frankreich gegangen sind. Einige sind zurückgeschickt worden. Für die beschwerliche Reise gingen ihre Ersparnisse drauf und in Europa stellten sie fest, dass nichts so war, wie sie es sich vorgestellt hatten. Dafür sind sie jetzt um eine Erfahrung reicher, aber auch um einen Batzen Geld ärmer." Die Lösung des Problems liegt für Jamshid weder im Iran, noch in Pakistan oder Europa, sondern im eigenen Land. Wer nach der Flucht im Ausland bleibt, gehe für den Wiederaufbau des schwachen Staates verloren. Das Land sei auf das Humankapital jedes einzelnen angewiesen, unabhängig vom Geschlecht. „Das wird die breite Masse irgendwann akzeptieren müssen, wenn der armuts-, kriegs- und gewaltbedingte Exodus endlich der Vergangenheit angehören und es in Afghanistan aufwärts gehen soll", findet Jamshid. „In den Achtziger- und Neunzigerjahren gingen

die Menschen ins Ausland und dieser Prozess setzt sich weiter
fort, wenn es zu keiner nachhaltigen Wirtschaftsentwicklung
kommt und Frauen weiter einen Stellenwert haben, als wären sie
Vieh." Letzteres gelte natürlich nicht für alle Afghaninnen. Aber
Fakt ist für ihn, dass es viele kluge Köpfe braucht, um sein Heimatland wieder auf den richtigen Weg zu führen. Und diese
schlauen Köpfe stecken für ihn auch unter der Burka, die im
Westen oft als Symbol von Unterdrückung und Rückständigkeit
angesehen wird. „Im Grunde ist diese Art der Vollverschleierung", Jamshid zufolge, „ein modernes, urbanes Phänomen. Ur-
sprünglich trugen Afghaninnen aus der reichen Oberschicht das
Gewand." Bevor die Taliban die gesamte weibliche Bevölkerung
dazu verdonnerten den Ganzkörperschleier zu tragen, sei er in
den Dörfern unüblich gewesen. Einerseits weil das Kleidungs-
stück für die meisten nicht erschwinglich gewesen sei, andererseits weil es bei der Feldarbeit die Bewegungsfreiheit enorm ein-
schränke. Außerdem sei die Burka nicht erst von den Taliban
erfunden worden. Sie sei schon wesentlich älter und ein Klei-
dungsstück, das paschtunische Frauen als Zeichen der Sittlichkeit
und Ehrbarkeit trugen. „Der Vollschleier hat also ziemlich wenig
mit unserer Tradition als Tadschiken zu tun", betont Jamshid.
„Diejenigen, denen es nicht passt, dass eine Frau die Burka ab-
legt, sollten darüber mal genauso nachdenken, wie über die Tatsache, dass es Abschnitte in der afghanischen Geschichte gab, in
denen die weibliche Bevölkerung freier leben konnte." Heute
würden zahlreiche Frauen die Burka als Schutz vor sexueller und
geschlechtsspezifischer Gewalt tragen, aber auch um zu verhindern, dass ihr Ansehen Schaden nimmt. „Wenn eine Frau ohne
Burka auf die Straße geht, dann meinen viele, dass sie Freiwild
ist", stellt der Zweiundfünfzigjährige fest. „Ich habe das schon
erlebt. Die rufen den Frauen obszöne Dinge nach, begrapschen
sie an Körperstellen, die sie nichts angehen, und fragen, ganz
unverhohlen, ob sie mit ihnen ins Bett steigen." Seiner Frau sei
genau das passiert. „Als die Taliban vertrieben worden waren,

ermutigte ich sie, ohne Burka aus dem Haus zu gehen", erzählt er. „Meine Frau wollte den Schleier aber trotzdem tragen, weil sie ein mulmiges Gefühl dabei hatte, ohne ihn unter Leute zu gehen. Nach langem Hin und Her ging sie ohne die Burka einkaufen und dann passierte es, dass ihr wildfremde Männer nachliefen, sie anfassten und bedrängten." Für seine Ehefrau sei das ein Spießrutenlauf gewesen und ein Grund dafür, nur noch mit der Burka auf die Straße zu gehen. Er selbst habe den Ganzkörperschleier schon einmal anprobiert. Durch das kleine, mit einem Gitter versehene Fenster, das die Augen der Trägerin vor der Öffentlichkeit verbirgt, habe er kaum etwas erkennen können. „Ich weiß nicht, wie die Frauen es schaffen, sich so zu orientieren, aber es gelingt ihnen irgendwie", stellt Jamshid mit Erstaunen fest. Die einen würden die Burka aus Gründen der Sicherheit überstülpen, die anderen aus Überzeugung und wieder andere würden sie gar nicht anlegen. Letzten Endes müssten die Frauen selbst entscheiden, wie sie zur Ganzkörperverschleierung stehen. Aber wenn ein Vater seiner Tochter den Universitätsbesuch verbiete, wenn sie das Gewand nicht trage, dann sei es besser, wenn sie sich füge, um eine Ausbildung zu durchlaufen, die ihr nach einem erfolgreichen Abschluss die Chance auf Unabhängigkeit biete. „Schlussendlich ist nicht die Burka das Problem, sondern dass etliche Männer Kultur und Tradition mit dem Islam verwechseln. Sie gehen davon aus, dass das, was Kultur und Tradition vorgeben, in der Religion festgelegt ist", erklärt Jamshid. „Es waren immer Männer, die den Frauen auf dieser Basis sagten, was sie zu tun und was sie zu lassen haben." Die Religion schreibe aber nicht vor, dass eine Frau kein Recht auf Bildung habe. „Im Gegenteil. Gott sagte, dass die Gläubigen lesen sollen. Also muss der Schul- oder Universitätsbesuch auch für Musliminnen von großer Bedeutung sein. Davon ist der Zweiundfünfzigjährige überzeugt. „Ebensowenig schreibt der Islam vor, dass unsere Mütter, Töchter und Ehepartnerinnen zuhause sitzen und den ganzen Haushalt erledigen sollen. Deshalb ist es wichtig, dass die Frauen aufgeklärt werden, was die Religion tatsächlich vorschreibt und was nicht." So seien sie in der Lage mit dem Islam als stärkender Stütze zu argumentieren und Freiheiten zu erringen. Anlässlich des Weltfrauentags hatten Männer der Afghan Peace Volunteers im März 2015 die Vollverschleierung angelegt, um auf die bereits erwähnten sexuellen Belästigungen und körperlichen Übergriffe auf den Straßen hinzuweisen. Mit Plakaten die Aufschriften wie „Gleichheit" oder „Wir sagen Nein zu jeder Art von Gewalt" trugen, zogen sie durch die Landeshauptstadt. Jamshid kann sich noch gut an das Ereignis erinnern. „Die Aktion sorgte zwar für Konfrontationen und Ärger, aber es gab auch positive Reaktionen, wie Begeisterung und Jubel", erzählt er rückblickend. „Diejenigen, die mit Unverständnis und Kritik reagierten, sahen in der Demonstration ein Werk des Westens oder betonten, dass die Burka den Schutzraum des Zuhauses auf die Welt jenseits der eigenen vier Wände erweitert und den Trägerinnen so die Chance gibt, am externen Alltag teilzunehmen." Aus Jamshids Sicht war es eine gute Aktion, die Impulse setzte, zur Auseinandersetzung aufforderte und Diskussionen anstieß. Denn eines muss seiner Meinung nach klar sein: „Jemand, der Frauen ein Leid antun will, wird von einer Vollverschleierung nicht davon abgehalten. Auch Burkaträgerinnen wurden schon betatscht, verbal angegangen und vergewaltigt." Das versucht der Zweiundfünfzigjährige auch seiner vierzehn Jahre jüngeren Frau immer wieder klar zu machen, wenn das Thema „Burka" zur Sprache kommt. Aber sie halte an dem Schleier fest, auch weil sie sich mit ihm in der Öffentlichkeit wohler fühle. Immerhin trage sie ihn seit sie denken könne. Die Afghan Peace Volunteers hätten es geschafft das Thema Sexualität und die vorherrschenden Geschlechterverhältnisse in den Mittelpunkt und damit auf den Prüfstand zu stellen. „Es war eine Provokation, die einen enormen Nachhall hatte und weltweit für Aufmerksamkeit sorgte", lacht Jamshid. „Ich finde das gut, wenn man bedenkt, dass Afghanistan international überwiegend mit

Terrorismus, Armut und Unterdrückung in Verbindung gebracht wird." Die Afghan Peace Volunteers hätten bewiesen, dass es hierzulande Männer gebe, die anders ticken. Nicht jeder denke konservativ und patriarchalisch. „Die jungen Burschen lassen sich die Haare färben, tragen einen Haarschnitt, den sie in einem Holly- oder Bollywoodstreifen gesehen haben, kaufen westliche Klamotten", klärt er auf. „Von den Taliban wären sie dafür verprügelt worden. Und unter der Burka sieht man die Jeans hervorlugen. Die jungen Männer und Frauen besuchen Friseursalons und kaufen in Boutiquen ein." Allerdings würden im städtischen Straßenbild nur die Männer auffallen, die die langen Gewänder abgelegt und die zotteligen Bärte abgeschnitten hätten. „Wegen der Vollverschleierung sticht der Wandel bei den Frauen niemandem ins Auge", amüsiert sich Jamshid. „Klar, um sich das leisten zu können, braucht man Geld. Aber es gibt diese jungen Leute, die die alten Strukturen und Lebensweisen hinter sich lassen wollen." Das stärkt in dem Zweiundfünfzigjährigen den Glauben daran, dass es einen Wandel hin zu mehr Gleichberechtigung gibt. „Alles braucht seine Zeit, und es muss die Einsicht heranreifen, dass uns weder der Krieg, noch der fanatische Kurs der Taliban oder das traditionelle Verständnis der Geschlechterrollen weitergebracht haben", bilanziert er. „Das in die Köpfe meiner Landsleute zu bekommen ist nicht leicht. Es ist aber auch nichts gewonnen, wenn alles beim Alten bleibt. Es muss Fortschritte geben." Dass sich zwischenzeitlich der Islamische Staat in Afghanistan ausbreitet, registriert Jamshid mit Sorge. Er vermag nicht zu sagen, ob die Taliban besser oder schlechter waren als der Islamische Staat. Fakt ist für ihn allerdings, dass die Radikalen, unabhängig davon wie sie sich nennen, welche Ziele sie verfolgen und wie gewalttätig sie auch sind, in Afghanistan leichtes Spiel haben, solange die politischen, ökonomischen, sozialen und gesellschaftlichen Probleme nicht gelöst sind. „Mit dem Islamischen Staat ist es nicht viel anders als mit den Taliban", findet der

Tadschike. Die Extremisten würden Stammesführer und Dorfälteste ermorden, ganze Familie gefangen nehmen und Frauen aus den Dörfern entführen. „Alle versprechen sie, die Gewalt zu beenden, sie skizzieren in großen Tönen eine bessere Zukunft, und am Ende richten sich ihre Waffen gegen die Bevölkerung", bringt Jamshid seine Erfahrungen aus Vergangenheit und Gegenwart auf den Punkt. Ob Taliban oder Islamischer Staat - wo die Kämpfer der Gruppierungen auftauchen, hinterlassen sie eine Spur aus Angst und Tod. Es gebe viele arbeitslose Jugendliche, die das Geld zum Islamischen Staat oder anderen aufständischen Gruppen lockt. Es gebe durchaus Talibanangehörige, die zum Islamischen Staat übergelaufen seien und von denen einige den Wechsel nicht überlebt hätten. Der Tadschike sieht die Entwicklung ziemlich nüchtern. „Ehrlich gesagt macht es für mich keinen großen Unterschied, ob sich der Islamische Staat, die Taliban oder irgendeine andere radikale Bewegung bei uns breit macht", gibt der Zweiundfünfzigjährige unmissverständlich zu verstehen. „Denn in Afghanistan gibt es genügend aufständische Gruppen, die das Leben unberechenbar machen. Morgens gehst du aus dem Haus und am Abend erhält deine Familie die Nachricht, dass du bei einem Bombenanschlag umgekommen bist." Jamshid bleibt dabei, dass sich insbesondere die wirtschaftliche und finanzielle Lage der breiten Masse verbessern muss. Wer auf legalem Wege gutes Geld verdienen könne, sei auf den Extremismus als Arbeitgeber nicht angewiesen. „Aber davon sind wir im Moment weit entfernt und das macht mich traurig, denn die jungen Leute haben etwas Besseres verdient, insbesondere die Frauen", zieht Jamshid Bilanz.

Von der Fallschirmspringerin zur Generalin

Mit der Hoffnung auf eine bessere Zukunft ist Jamshid nicht alleine. Dass es in Afghanistan in punkto Frauenrechte schon bessere Zeiten gab, erfährt Khatool am eigenen Leib. Von den einen als Heldin und Paradebeispiel für die Gleichstellung der afghanischen Frauen gefeiert, von anderen verdammt, steht sie jahrzehntelang im Dienst der Armee. Der Name Mohammadzai ist so gut wie jedem in Afghanistan ein Begriff. Sie war siebzehn und hatte gerade ihren Schulabschluss gemacht, als sie einem Recruiter der afghanischen Streitkräfte über den Weg lief, der Freiwillige für den Militärdienst suchte. Die junge Frau ergriff die Chance, die sich ihr bot. Ihre Mutter sei von ihrem Entschluss zur Armee zu gehen nie begeistert gewesen. „Sie hatte Angst und befürchtete, dass ich es nicht leicht haben würde unter den ganzen Männern", erinnert sich Khatool. „Sie hatte von Vergewaltigungen gehört und davon, dass Frauen, die in solchen Berufen arbeiten, keinen guten Ruf genießen." Khatools Vater, ein Zollbeamter, starb, als sie sechs war. Mühsam hielt ihre Mutter sie und ihre acht Geschwister über Wasser. Khatool wollte ein besseres Leben. Sie trat in die Armee ein, wurde Fallschirmspringerin und brachte es beruflich bis zur Generalin. Aus dem Flugzeug zu springen ist für die Paschtunin das Größte. „Das kann nur jemand verstehen, der dieses Gefühl schon einmal erlebt hat", sagt sie. Freiheit, Schwerelosigkeit und die Sorgen erscheinen von oben betrachtet auf einmal ganz klein, fasse ich zusammen. „Dann hast du es selbst schon einmal ausprobiert, denn genauso ist es", bestätigt Khatool lächelnd. Ich habe sie noch nie ohne ihre Uniform gesehen, an der unzählige Orden prangen. Mit funkelnden Augen erzählt sie, wie sie 2002 über dem Olympiastadion, vor den Augen von Hamid Karzai und einer großen Menschenmenge, aus einem Hubschrauber sprang. Mit im Gepäck hatte sie Tauben, die sie während des Absprungs frei ließ, und die Nationalflagge. Wegen eines Pilotenfehlers kam sie aber vom Kurs ab und landete rund einen Kilometer entfernt vom Stadion. „Also hab ich meinen Fallschirm geschnappt und bin zum Stadion gerannt, wo alle, auch der Präsident, auf mich warteten", erinnert sie sich. „Die schwere Ausrüstung war für mich kein Hindernis. Wenn du beim Militär bist, musst du sportlich sein, Kondition haben und auf die Zähne beißen können - auch in scheinbar ausweglosen Situationen." Im Stadion begrüßte sie die Menge und der Präsident mit Jubelrufen und frenetischem Beifall. Diesen Tag wird Khatool nie vergessen. Einfach sei ihr Weg zur Generalin, die im Verteidigungsministerium für die Sportausbildung der Rekruten verantwortlich war, nie gewesen. „Mir wurde nichts geschenkt", berichtet sie. „Mein Weg war steinig und hart." Während sie die einen feierten, verübten andere Attentate auf sie. Nicht jedem gefiel, was sie tat. Gift im Essen und vergiftete Nägel in den Schuhen, sind nur zwei Beispiele dafür, wie ihre Feinde sie hinterrücks liquidieren wollten. „Einmal sprang ich aus dem Flugzeug und mein Fallschirm öffnete sich nicht. Es gelang mir, den Notschirm zu öffnen, der den freien Fall abbremste. Ich kam mit mehreren Knochenbrüchen davon", erzählt Khatool. „Ich bin mir ziemlich sicher, dass sich jemand an der Sprungausrüstung zu schaffen machte. Jemand, der wollte, dass ich in den Tod stürze." Für eine Frau sei es alles andere als einfach, beim afghanischen Militär ihren Dienst zu versehen. Zusammen mit sieben anderen Frauen begann Khatool unter vielen männlichen Rekruten ihre Ausbildung. Sie war die einzige, die unbeirrt an ihrem Ziel, in der Armee Karriere zu machen, festhielt. Aufgeben habe für sie nie zur Diskussion gestanden, gleichgültig, wie strapaziös das Training und der Drill auch war oder wie sehr ihr die männlichen Kollegen zusetzten. Schon als Kind hat sie sich für jede Art von Sport interessiert. Ob Karate, Taekwondo, Fußball, Handball, Volleyball, Tennis oder Leichtathletik – Khatool probierte alles aus. „Mein Ziel war es, überall die Beste zu sein, und das habe ich geschafft", stellt sie selbstbewusst fest und betont: „Man kann nicht sagen, dass sich die anderen Frauen in der Ausbildung nicht gegen die Männer durchsetzen konnten oder Angst hatten, aus dem Flieger zu springen." Die meisten hätten geheiratet und Kinder bekommen. „Das Risiko, bei einem Absprung ums Leben zu kommen, war ihnen deshalb zu groß", erklärt sie. Überall in Khatools Wohnung hängen Urkunden an den Wänden, und auf den Schränken, Tischen und den Regalen stehen Pokale. Doch das ist nur ein Bruchteil der Auszeichnungen, die sie für ihre Leistungen und Verdienste in der Armee erhalten hat. Khatool ist stolz auf diese Anerkennung. Auch als sie ihren Mann bei den Streitkräften kennenlernte, ihn heiratete und einen Sohn zur Welt brachte, arbeitete sie weiter und sprang aus Flugzeugen. „Die Uniform, die ich trage, ist mein Leben", betont sie. „Das Abzeichen der Fallschirmjäger zeigt, wer und was ich bin. Ich hätte das nie aufgeben können." Doch das musste sie, als die Russen abgezogen und die Mujahedin die Macht ergriffen. Sie zwangen Khatool ihren Beruf an den Nagel zu hängen und sich zu verschleiern, wann immer sie das Haus verließ. Im Großen und Ganzen hätten die Mujahedin gegenüber Frauen die gleiche Politik verfolgt wie nach ihnen die Taliban. Der einzige Unterschied zwischen beiden Gruppierungen bestand Khatool zufolge nur darin, dass Taliban die weibliche Bevölkerung in die Häuser verbannte. Für die Generalin war diese Zeit, genau wie für viele andere Afghaninnen, ein Alptraum. Kein Tag verging, an dem sie sich nicht an den Sprung aus dem Flieger erinnerte und danach sehnte, erneut in Höhen aufzusteigen, die bei anderen Menschen Schwindel und Angst erregen, aber ihr das Gefühl von Freiheit und Glück bescheren. Die Jahre, in denen sie nicht springen durfte, erschienen ihr endlos. „Das war eine schwere Zeit für mich. Ich habe gestickt und Kleider genäht, die ich auf dem Basar verkauft habe", erzählt Khatool. Davon allein konnte die Familie aber nicht leben. Ihre Kontakte zum Militär

halfen ihr weiter. Sie fertigte Zeichnungen an, auf denen Sprung-
formationen abgebildet waren, die detailliert den richtigen Ge-
brauch eines Fallschirms darstellten oder den freien Fall vom
Sprung aus der Fliegerluke bis zur Landung. Die Handarbeiten,
die sie in dieser grauenvollen Zeit, wie sie es selbst nennt, ange-
fertigt hat, bewahrt sie noch immer in Schränken, Schubladen
und Kästchen auf. Reichtürmer hat Khatool zwar nie verdient,
aber sie konnte es sich leisten, in eine der teureren Wohnungen in
einer Kabuler Plattenbausiedlung zu ziehen. „Viele glauben, dass
ich Geld wie Heu besitze, weil ich eine bekannte Persönlichkeit
bin", kritisiert die Paschtunin. „Deshalb trage ich beim Einkaufen
manchmal eine Burka, denn wenn mich die Händler erkennen,
dann verlangen sie für einen Artikel auf einmal einen deutlich
höheren Preis." Aber Khatool ist das Oberhaupt einer Familie, die
sie ernähren muss. Deshalb kann auch sie nicht beliebig tief ins
Portemonnaie greifen. Ansonsten lehnt es die Generalin ab, die
Burka zu tragen. Selbst nach all den Anfeindungen, Drohungen
und den Anschlägen, die auf sie verübt wurden, will sie sich nicht
mit dem Schleier verhüllen. „Natürlich bietet die Burka einen
gewissen Schutz", räumt Khatool ein. „Unter ihr erkennt mich
niemand, unter ihr bin ich eine Frau von vielen. Aber Militärs
dürfen keine Angst haben. Deshalb verstecke ich mich nicht unter
einem Stück Stoff." Die Fallschirmjägerin blickt zurück. Sie erinnert sich, wie sie in der Vergangenheit über den Kabuler Bazar
lief. Ein Polizist warf ihr damals abschätzige und verächtliche
Dinge an den Kopf. Das brachte das Fass zum Überlaufen. „Ich
riss mir die Burka vom Leib und warf sie ihm vor die Füße", berichtet sie. „Das war der Tag an dem ich beschloss, das Ding nie
wieder zu tragen." Von sich selbst sagt die Paschtunin, dass sie in
ihrem Leben nie aufgegeben, sondern immer weitergekämpft
habe, egal wie widrig die Umstände auch gewesen seien. Über
den Sturz der Taliban ist die Generalin froh. Aber der Kampf für
Freiheit und bessere Lebensbedingungen ist ihrer Meinung nach
noch lange nicht abgeschlossen. Khatool weiß, wovon sie spricht,

denn die Dinge haben sich verändert. Heute sitzt die hochdekorierte Militärangehörige in einem kleinen, abgeschiedenen Büro. Die Frau, die zahlreichen männlichen und weiblichen Rekruten das Fallschirmspringen beibrachte, die im Verteidigungsministerium nachhaltig die Militärsportausbildung der neu rekrutierten Soldaten gestaltete und für Frauenfragen innerhalb der Streitkräfte verantwortlich war, ist zu einer Randfigur geworden. Heute ist sie stellvertretende Direktorin der Planung und Militärsportausbildung. „Ich hatte es nie leicht. Der Weg, den ich gegangen bin, war steinig und hart", bemerkt Khatool erneut und betont: „Aber diskriminiert hat mich niemand. Nicht als ich in die Armee eintrat, nicht während des Krieges gegen die Sowjets und auch nicht in der Regierungszeit von Hamid Karzai." Nie hätte Khatool gedacht, dass sich das ändern könnte. Als ich sie vor Jahren bei unserem ersten Treffen fragte, ob sie einfach nur das Aushängeschild einer neuen Regierung ist, die sich scheinbar die Förderung der Frauenrechte auf die Fahnen geschrieben hat, reagierte sie gekränkt. Mehr als deutlich gab sie mir zu verstehen, dass ich mit meiner Annahme auf dem Holzweg bin, dass ihre Leistungen, ihr Engagement und ihr Know-how Würdigung fanden. Und nun sitzt sie in ihrem Haus und beharrt unermüdlich darauf, dass sie viele Dinge ändern könnte, wenn sie nur an der richtigen Stelle im Verteidigungsministerium sitzen würde. Zwischenzeitlich ist die Paschtunin umgezogen. Ihre Wohnung im Stadtteil Microrayon hat sie aufgegeben. Das Haus, das sie nun bewohnt, gehörte einst ihrer Mutter. Es liegt an einem Hang, an dessen Fuß sich die Hauptstadt unter Khatools Blick ausbreitet. Hier fühlt sie sich einigermaßen sicher, denn Morddrohungen erhält sie nach wie vor. Nach dem Abzug der Internationalen Sicherheitsunterstützungstruppe haben die radikal-islamischen Taliban in vielen Teilen des Landes wieder die Oberhand gewonnen. Helmand, Kandahar, Kunduz, Badakhschan, Uruzgan, Ghazni, Zabul - sind Namen von Provinzen, in denen sich die Gotteskrieger mit den staatlichen Sicherheitskräften im Jahr 2015 schwere Gefechte lieferten und sie stellenweise sogar vertrieben. Als die Taliban im August vergangenen Jahres die Provinzhauptstadt Kunduz überrannten, zogen rund vierzehn Tage ins Land bis die Regierungstruppen die Stadt wieder unter ihre Kontrolle brachten. Nachdem die Zahl der Verluste aufseiten der afghanischen Streitkräfte 2015 in die Höhe schnellte, ist es für die afghanische Armee nicht gerade leichter geworden, neue Rekruten zu finden. Hinzu kommt, dass auf den Gehaltslisten Soldaten aufgeführt sind, die keinen aktiven Dienst versehen, weil sie bei Einsätzen ums Leben kamen, weil sie desertiert oder zu den Aufständischen übergelaufen sind.[50] Den Sold streichen die Vorgesetzen ein, die damit, laut Thomas Ruttig, vom Afghanistan Analyst Network, nicht zugeben können, dass die Zahl der Soldaten zu gering ausfällt.[51] Waffen, Munition und Benzin verschwinden aus den militärischen Depots und tauchen auf dem Schwarzmarkt wieder auf, ein Problem, das nicht erst vor kurzem aufgetreten ist.[52] Berichte darüber, dass Armeeangehörige militärisches Eigentum veräußern, um das Geld selbst einzustreichen, gab es auch schon in der Vergangenheit. Und die Folgen sind immer wieder die gleichen: unterbesetzte Truppenverbände, die in die Einsätze geschickt werden, Fahrzeuge, die sich aufgrund von Spritmangel nicht nutzen lassen oder logistische Probleme und bürokratische Hürden, die eine adäquate Versorgung und Unterstützung der Soldaten im Feld so

---

[50] Afghanistan Research and Evaluation Unit: The Afghan National Army After ISAF. Briefing Paper Series, Kabul, March 2016, S. 1, 3. URL: https://areu.org.af/wp-content/uploads/2016/03/1603E-The-Afghan-National-Army-after-ISAF.pdf (Stand: 12.03.2018).
[51] Jawad, Mohamad/Röhrs, Christine-Felice: Geistersoldaten verhelfen den Taliban zu ihrem Erfolg. In: Die Welt, 25.12.2016, URL: https://www.welt.de/politik/ausland/article150322730/Geistersoldaten-verhelfen-den-Taliban-zu-ihrem-Erfolg.html (Stand: 12.03.2018).
[52] Afghanistan Research and Evaluation Unit: The Afghan National Army After ISAF. Briefing Paper Series, Kabul, March 2016, S. 10. URL: https://areu.org.af/wp-content/uploads/2016/03/1603E-The-Afghan-National-Army-after-ISAF.pdf (Stand: 12.03.2018).

gut wie unmöglich machen. Frisches Essen, neue Kleidung, Trinkwasser, Munition, Treibstoff - der Nachschub rollt mehr schlecht als recht.[53] Dass sich angesichts dessen Frustration breit macht und die Truppenmoral sinkt, ist nicht weiter verwunderlich, sondern eine logische Konsequenz der vorherrschenden Verhältnisse. Allen Reformen zum Trotz prägen ethnische Bruchlinien, konträre politische Präferenzen und Vetternwirtschaft die Personalzusammensetzung, aber auch das Klima und die Situation im Verteidigungsministerium und in der Armee. Wer die richtigen Leute kennt, wie zum Beispiel Politiker, kann leicht in die Position eines Offiziers aufrücken, ohne, dass er dafür entsprechende Leistungs- und Befähigungsnachweise erbringen muss.[54] Und genau darin liegt die Krux: Wie soll im Land für Sicherheit gesorgt und gegen aufständische Gruppierungen vorgegangen werden, wenn insbesondere Befehlshaber schlecht ausgebildet sind und sich weder mit ihren Aufgaben, noch ihrem Arbeitgeber identifizieren können? Ein von der Afghan Research and Evaluation Unit zu diesem Thema interviewter General berichtet von Fällen, in denen die durch Patronage ins Amt gehievten Offiziere und Kommandeure nicht einmal imstande sind eine Karte zu lesen und damit die Stellungen der feindlichen Verbände zu kommunizieren.[55] Khatool kennt die Herausforderungen, denen sich die Streitkräfte gegenübersehen. Doch ihr sind die Hände gebunden. „Ein Tag als Präsidentin von Afghanistan würde mir genügen, um alles zu verändern", betont sie selbstbewusst. Trotz der Morddrohungen, der Tatsache, dass sie ihr Arbeitgeber ins Abseits geschoben hat und nicht einmal bereit ist, ihr Leibwächter zur Seite zu stellen, die ihr Leben schützen, hat die couragierte Frau, die zur Führung des Verteidigungsministeriums zählte, nichts von ihrem Mut und ihrem Kampfgeist eingebüßt. Trotz-

---

[53] Ebd.
[54] Ebd., S. 11.
[55] Ebd.

dem fällt es ihr schwer zu akzeptieren, dass sie in die hintere Reihe verbannt wurde. Khatool beteuert, dass sie sich nie persönlich bereichert hat. „Alle, Männer und Frauen, sollten an einem Strang ziehen, für die Zukunft unseres Landes", insistiert sie. Stattdessen ergab eine Umfrage der Asia Foundation unter 9.586 Afghanen, dass 58 Prozent der landesweit Befragten einem Engagement von Frauen in den Reihen der Verteidigungs- und Sicherheitskräfte negativ gegenüberstehen.[56] Dass die Haltung gegenüber Frauen in den Reihen der Armee, die einen Querschnitt der Gesellschaft darstellt, eher kritisch ausfällt, liegt nicht zuletzt aufgrund dieses Umfrageergebnisses, sondern auch mit Blick auf Khatools Erfahrungen, ziemlich nahe. Auch wenn die Generalin keine Anschuldigungen gegenüber ihrem Arbeitgeber erhebt und damit einem strengen Ethos folgt, ist nicht von der Hand zu weisen, dass für Frauen, die beim Militär oder der Polizei beschäftigt sind, eine andere Realität vorherrscht als für Männer. Trotz guter Ausbildung gelangen sie nicht in Positionen, die ihren Kompetenzen entsprechen, sie werden mit niederen Tätigkeiten betraut, ihre männlichen Kollegen haben keinen Respekt vor ihnen, stattdessen sind sie Schikanen und Belästigungen ausgesetzt, wie ein Bericht des Special Inspector General for Afghanistan Reconstruction bestätigt.[57] Frauen, die als Soldatinnen oder Polizistinnen beschäftigt sind, haben nicht den besten Ruf. Im Verlauf ihrer Arbeit kommen sie zwangsläufig mit fremden Männern in Kontakt. Kulturbedingt ist ihnen das nicht gestattet, vor allem dann nicht, wenn sie von keinem männlichen Familienmitglied begleitet werden. Immer wieder sind Anstrengungen unternommen worden, den Anteil weiblicher Soldaten und Polizistinnen in

---

[56] The Asia Foundation: A Survey of the Afghan People: Afghanistan in 2015, Kabul 2015, S. 141. URL: http://asiafoundation.org/resources/pdfs/Afghanistanin2015.pdf (Stand: 12.03.2018)

[57] Special Inspector General for Afghanistan Reconstruction (SIGAR): Quarterly Report to the United Nations Congress, 30. Oktober 2016, S. 14, URL: https://www.sigar.mil/pdf/quarterlyreports/2016-10-30qr-intro-section1.pdf (Stand: 12.03.2018)

der Armee und bei den Ordnungshütern zu erhöhen. Allein im Jahr 2012 sollte ihr Anteil bei den Streitkräften auf 10 Prozent, also rund 19.500 Stellen, erhöht werden und bei der Polizei lag die Zielvorgabe bei 5.000 Positionen - doch letztlich liegt der Prozentsatz an Frauen bei knapp über einem Prozent.[58] Obendrein erschwert das Geflecht aus Korruption und Vetternwirtschaft den Afghaninnen den Zugang zu wichtigen Entscheidungs- und Handlungspositionen. In einer vorrangig von Männern geprägten und dominierten Gesellschaft, ist es für Frauen nicht einfach, die vorhandenen Strukturen zu durchbrechen. Auch wenn sie allmählich in die Bereiche von Politik, Wirtschaft, Militär und Polizei vordringen, fällt es ihnen schwer, die vorhandenen Strukturen zu durchdringen. Ihnen mangelt es an den erforderlichen finanziellen Mitteln, den entsprechenden Netzwerken, dem notwendigen Einfluss und an Personen, die bereit sind sie, zu protegieren. Korruption und Vetternwirtschaft entwickeln sich deshalb in einer Vielzahl der Fälle zu einem Faktor, der Frauen in ihrem Bestreben voranzukommen ausbremst. Khatool würde sich wünschen, dass der Anteil ihrer Geschlechtsgenossinnen bei Militär und Polizei steigt. Und vor allem auch, dass sie in führenden Positionen aufsteigen können. Den Sturz der Taliban empfand sie als persönlichen Befreiungsschlag. Ihr Leben hatte wieder einen Sinn. Sie durfte arbeiten, kam in Amt und Würden. Die Paschtunin war glücklich, steckte voller Tatendrang. Dass sie nun im Abseits steht, lässt sie hadern, so scheint es zumindest. Khatool spricht es nicht direkt aus, aber der Eindruck, dass die Zeiten vorbei sind, in denen sie gerne am Schreibtisch im Ministerium saß, ist nicht von der Hand zu weisen. Sie erzählt von der Vergangenheit, davon, wie sie zusammen mit ihren Kameraden und schwerem Feldgepäck auf dem Rücken, tagelange Fußmärsche zurücklegte, an deren Ende sie ihr Nachtlager unter freiem Himmel aufschlug,

---

73

während sie ihren Kopf zum Schlafen auf nichts weiter als einem harten Stein zur Ruhe bettete. Bei Erzählungen aus besseren Tagen präsentiert die Generalin ein riesiges Bild, auf dem sie nach einem Fallschirmsprung zu sehen ist und berichtet, dass sie in mehreren Kampfsportarten den schwarzen Gürtel besitzt. Zeugnisse und Erinnerungen, die ihr niemand nehmen kann, ebensowenig wie die Anerkennung und den Respekt, den sie in Teilen der Bevölkerung genießt.

Prostituierte - Die vergessenen Frauen Afghanistans

Was vor uns liegt, fliegt schnell an uns vorüber. Ein Händler, der einen Karren voller Fladenbrote hinter sich herzieht, Kinder, die in einer Hofeinfahrt Fußball spielen, Frauen, die bekleidet mit der Burka Einkäufe nach Hause schleppen, Männer, die bei einer Tasse Tee zusammensitzen - Ali drückt aufs Gas. Während die Straßenbilder vorbeiziehen, denke ich über Khatools Leben nach. Sie ist eine starke, stolze und intelligente Kämpferin. Nach außen mag sie vielen hart, förmlich und vielleicht auch schwierig erscheinen, doch ich habe sie als leidenschaftliche Frau kennengelernt, die für sich und ihre Überzeugungen einsteht. Umso mehr bedauere ich, dass sie aufs Abstellgleis geschoben wurde. Khatools Haus ist schon lange im Rückspiegel verschwunden, als mein Fahrer Ali feststellt, dass er bis zu meinem heutigen Besuch bei ihr, schon lange nichts mehr von der Paschtunin gehört hat. „Es ist still um sie geworden. Und im Übrigen besteht Afghanistan nicht nur aus Frauen", bemerkt er schmunzelnd. „Das tut es ganz offensichtlich nicht, aber die weibliche Bevölkerung hat es verdient gehört und mit ihren Problemen ernstgenommen zu werden", erwidere ich. Ali hingegen befürchtet, dass die Männer gegenüber den Frauen ins Hintertreffen geraten. „Es gibt so viele Programme für Frauen, in die Gelder fließen. Sie erhalten Förderung um Förderung", entgegnet mir der Paschtune. „Heutzutage haben die Afghaninnen mehr politischen Einfluss als jemals zuvor. Einige sitzen ja auch im Parlament. Von Benachteiligung kann keine Rede mehr sein." Frauen sind aus seiner Sicht für solche Positionen nicht geeignet. Sie seien emotional und nicht belastbar. „Deshalb können sie keine Verantwortung übernehmen, keine Entscheidungen treffen", argumenticrt Ali. Dass Frauen in hochrangigen Positionen, wie zum Beispiel Khatool, Morddrohungen erhalten und Anschläge auf sie verübt werden, nimmt er zur Kenntnis, doch seiner Meinung nach sind sie selbst schuld daran." Sie haben das provoziert", ist der Sechsunddreißigjährige überzeugt und bilanziert: „Frauen sind für Führungsrollen einfach nicht geschaffen." Darauf angesprochen, ob es nicht vielmehr an der nötigen Akzeptanz seitens der Männer fehlt, als an den Kompetenzen der Frauen, weiß Ali Antwort. „Ein Mann ist rational, beherrscht, durchsetzungsfähig, stark, mutig, und er wird zum Familienoberhaupt erzogen ", bringt er seine Haltung knapp auf den Punkt. „Männer stehen über den Frauen, so steht es im Koran. Alles wird wegen dieser Demokratie in Frage gestellt." Mein Fahrer ist noch keine Vierzig und vertritt Ansichten, die mich ans tiefste Mittelalter erinnern. Und er äußert sie, ohne die Tatsache zu berücksichtigen, dass eine Frau neben ihm auf dem Beifahrersitz mitfährt. Meinen Einwand, dass es auch engagierte und intelligente Frauen gibt, die sich gewinnbringend in allen Bereichen der Gesellschaft einbringen können, lässt Ali so nicht gelten. „Der Koran sagt, dass Männer über den Frauen stehen, weil Gott sie ausgezeichnet hat", erwidert er. „Und ich sage noch einmal, dass wir Männer durch die ganze Frauenförderung ins Hintertreffen geraten." Eine Aussage, die ich so nicht stehen lassen will. Allein die Tatsache, dass weibliche Familienmitglieder beispielsweise noch immer in Kinder- und Zwangsehen vermittelt oder das Opfer von Ehrenmorden und anderen Gewalttaten werden zeigt, dass nicht davon die Rede sein kann, dass afghanische Frauen die Männer im Land ins Abseits drängen. Ihnen mehr Rechte einzuräumen, Teilhabemöglichkeiten für sie zu schaffen, ihre Bildungschancen auszubauen und sie in den Arbeitsmarkt zu integrieren trägt dazu bei die Kluft, die sich aus ihrer Benachteiligung ergibt und, die die Gesellschaft spaltet, zum Vorteil aller zu überwinden. Während Ali den Kopf schüttelt mache ich meinen Standpunkt anhand eines Beispiels deutlich. „Nehmen wir nur die Arbeitswelt. Gemischte Teams eröffnen anders als homogene Gruppen eine Vielzahl neuer Ideen, Perspektiven und Lösungsansätze", betone ich und erkläre: „Schließlich betrachten verschiedene Teammitglieder die zu beantwortenden Fragestellungen und die zu bewältigenden Herausforderungen aus unterschiedlichen Blickwinkeln." Der Aufstieg von Frauen ziehe noch lange keinen unausweichlichen Abstieg der Männer nach sich. „Denn wenn gemischte Arbeitsgruppen die besseren Ergebnisse und Entscheidungen liefern, profitieren am Ende alle", gebe ich zu verstehen. „Gleichberechtigung nützt beiden Geschlechtern und kann die Gesellschaft positiv verändern." Ali schweigt. Er lenkt das Fahrzeug durch die Straßen. Irgendwann murmelt er, dass Afghanistan nicht der Westen ist. „Nein, aber seine Bevölkerung hat es verdient alle Chancen zu nutzen, die dazu beitragen können, die Lage im Land zu verbessern", meine ich, während Ali zustimmend nickt und findet, dass wir uns zumindest mit Blick auf das langfristige Ziel einig sind. „Und das ist doch schon mal ein Anfang", räumt er lächelnd ein, wobei er feststellt, „dass es gut ist, dass wir zwei nicht verheiratet sind." „Siehst du, kurzes Gespräch, unterschiedliche Perspektiven, schnelle Erkenntnis: Du kannst für deine Frau dankbar sein. Wir sind ein gutes gemischtes Team", bilanziere ich augenzwinkernd. Und dann müssen wir beiden lachen. An einer belebten Straßenkreuzung hält Ali den Wagen an. Wir warten auf meine Kontaktperson. Ein Mitglied der Revolutionary Association of the Women of Afghanistan, kurz RAWA genannt. Seit 1977 gibt es die Organisation, die sich für soziale Gerechtigkeit, Menschen- und Freiheitsrechte stark macht. Meena Keshwar Kamal rief RAWA während ihrer Studienzeit an der Kabuler Universität ins Leben, um die Gleichberechtigung und Bildungsmöglichkeiten von Frauen zu verbessern. Sie sprach sich gegen den russischen Einfluss am Hindukusch und die sowjetische Marionettenregierung in Kabul aus und versuchte mit Demonstrationen, aber auch Versammlungen in Schulen und der Kabuler Universität, die öffentliche Meinung entsprechend zu beeinflussen. Anfang der Achtzigerjahre begann sie ein

feministisches Magazin herauszubringen, das nicht zuletzt auch
Berichte enthielt, die sich auch kritisch mit den fundamentalistischen Gruppierungen im Land auseinandersetzte. Darüber hinaus
gründete sie Schulen für Flüchtlingskinder, Hospitäler und Einrichtungen, die in Pakistan gestrandete Flüchtlingsfrauen hand-
werkliche Fähigkeiten vermittelten, um sie finanziell zu unterstützen. Sie reiste ins europäische Ausland, wo sie die afghanische Widerstandsbewegung repräsentierte. Ihre Arbeit an der
sozialen Basis, ihr Kampf für Menschen- und damit auch Frauenrechte, ihre Kritik an der Regierung brachte Meena nicht nur
Freunde ein. Im Februar 1987 fiel sie im pakistanischen Quetta
einem Attentat zum Opfer. Doch RAWA existierte weiter und
setzte seine bis heute andauernde, soziale, politische und humani-
täre Arbeit fort. Was nicht selten für die eine oder andere Aktivistin tödlich endete. Sowohl während der sowjetischen Besatzung
als auch während des Bürgerkriegs setzten die Aktivistinnen ihr
Engagement fort. Unter Lebensgefahr dokumentierten die Frauen
mit versteckten Kameras die Untaten des Talibanregimes. Während der vierzig Jahre, in denen es die Frauengruppe schon gibt,
haben die Mitarbeiterinnen gelernt dem Druck und den Drohungen standzuhalten und am Leben zu bleiben. Schließlich sind ihre
Berichte über Morde, Steinigungen, Folterungen, Verhaftungen,
Schläge, Auspeitschungen und andere unmenschliche Praktiken,
die an Frauen verübt werden, vielen ein Dorn im Auge. Das An-
prangern der Zwangsverheiratung junger Mädchen und von häus-
licher Gewalt oder Gesprächszirkel, in denen die Mitarbeiterinnen der Organisation Frauen über ihre Rechte aufklären und in
denen sie diskutieren, weshalb der Kampf für Gleichberechtigung
notwendig ist, Gesundheits- und Bildungsprogramme für Frauen
und vieles andere, wofür sich die Mitglieder der Organisation
einsetzen – das alles stößt längst nicht bei jedem auf Verständnis.
Da sich RAWA auch für afghanische Prostituierte einsetzt, habe
ich die Organisation gebeten mir zu helfen mit einer dieser Frau-
en, die von der Gesellschaft geächtet werden, ins Gespräch zu

kommen. Das in Pakistan gelegene Büro der hatte mir seine Unterstützung zugesichert und mir die Nummer einer Aktivistin zukommen lassen. Während Ali und ich warten, steige ich aus dem Wagen und lehne mich gegen das Heck. Nach fast einer Stunde Wartezeit verabschiede ich mich schon insgeheim von dem verabredeten Treffen. Doch dann klingelt tatsächlich mein Mobiltelefon. Der vor wenigen Tagen vereinbarte Treffpunkt wurde geändert. Also steigen Ali und ich wieder ins Auto. Nach fast dreißig Minuten, in denen wir uns zweimal verfahren sind wir endlich da. Kaum bin ich ausgestiegen, spricht mich eine Frau an, die mich bittet in ihren Wagen einzusteigen, an dessen Steuer ein männlicher Fahrer sitzt. Ali hat Bedenken. So einfach will er mich, begleitet von zwei völlig fremden Personen, nicht gehen lassen. Er besteht darauf, dass er und ich dem Fahrzeug der Aktivistin folgen. Doch die lehnt aus nachvollziehbaren Gründen ab. „Ich darf weder die Gesprächspartnerin noch diejenigen, die uns ihr Haus für das Treffen zur Verfügung stellen, in potentielle Gefahr bringen, indem ich Fremden aus der einheimischen Bevölkerung den Gesprächsort preisgebe", erklärt sie, wobei Ali betont, dass er für meine Sicherheit verantwortlich ist und nicht riskieren will, dass mir etwas zustößt. Nach einigem Hin und Her kramt er ein Stück Papier aus dem Handschuhfach, auf dem er festhält, dass mich die RAWA-Leute in spätestens vier Stunden bei meinem Hotel absetzen sollen, ansonsten verständigt Ali die Polizei. Die Aktivistin unterschreibt das Schriftstück. Als wir in ihrem Wagen sitzen, frage ich sie nach ihrem Namen. „Ich heiße Amina. Mein richtiger Name ist ein anderer", erzählt sie. „Alle Mitglieder nutzen Pseudonyme, zu ihrem eigenem Schutz und dem ihrer Familien." Die Fünfundzwanzigjährige berichtet, dass RAWA in den meisten afghanischen Provinzen im Untergrund tätig ist. Die Organisation ist Amina zufolge für viele Konservative, die radikal-islamistischen Taliban und nicht zuletzt für Teile der politischen Klasse ein rotes Tuch. „Etliche Warlords, die in der

Vergangenheit Kriegsverbrechen begangen haben, für die sie nie zur Rechenschaft gezogen wurden, schafften nach dem Sturz der Taliban den Sprung in die Politik", so Amina. „Die ohnehin schon schwierige Arbeit wird damit nicht leichter. Wir sind Anfeindungen, Drohungen und Anschlägen ausgesetzt." Dass die Frauenrechtsorganisation dennoch imstande ist, ihre Arbeit trotz dieser Rahmenbedingungen am Laufen zu halten, ist der Fünfundzwanzigjährigen zufolge ihren guten lokalen Kontakten und der Tatsache zu verdanken, dass ein Teil der Bevölkerung sie heimlich unterstützt. Fakt ist laut Amina aber auch, dass RAWA in einigen Teilen des Landes nicht vertreten ist, weil die Lage in den von „brutalen Warlords dominierten Gebieten, einfach eine zu große Unsicherheit mit sich bringt". Die Aktivistin betont, dass sich die Situation der Frauen trotz westlicher Präsenz nicht zum Besseren gewendet hat. Afghanistan wird aus Aminas Sicht heute von Warlords und Kriminellen beherrscht, die nicht nur das Gedankengut der Taliban teilen, sondern in der Vergangenheit noch schlimmere Verbrechen begangen haben als die Gotteskrieger. Nach ihrem Sturz seien mit westlicher Hilfe kriminelle islamische Fundamentalisten erneut an die Macht gekommen. „Die Kriegsfürsten und militärischen Befehlshaber der Nordallianz waren und sind", nach Ansicht von Amina, „keine Heiligen. Abgesehen davon, dass sie zutiefst frauenfeindlich sind, haben sie zwischen 1992 und 1996 allein in Kabul 65.000 Zivilisten getötet." Auf das Konto ihrer Milizen gehen der Aktivistin zufolge Erpressungen, Vergewaltigungen, Morde, willkürliche Verhaftungen und zig andere grausame Verbrechen. „Anstatt für diese Taten vor einem internationalen Gerichtshof zur Rechenschaft gezogen zu werden, kommen diese Mörder völlig ungestraft davon und bereichern sich zudem noch an ausländischen Hilfsgeldern, die den Wiederaufbau vorantreiben sollen", kritisiert die Fünfundzwanzigjährige und betont: „Menschenrechtsorganisationen wie Amnesty International oder Human Rights Watch haben über die Verbrechen, die mächtige Warlords im ganzen Land

begingen und nach wie vor begehen, berichtet. Und trotzdem
werden Leute wie Rashid Dostum, Sarwar Danish oder Mohammad Mohaqiq von westlicher Seite in wichtige politische Positionen gehievt, in denen sie schalten und walten können, wie sie
wollen." Während sich die Taliban seit Jahren immer weiter aus-
breiten und der Kampf zwischen ihnen und der Armee zusammen
mit etlichen Selbstmordattentaten weiter zahlreiche Opfer vor
allem unter Frauen und Kindern fordere, gebe es gleichzeitig
Verhandlungen, um die Gotteskrieger in die Regierung einzubinden. Für Amina ein Unding. Sie fordert, die Taliban für ihre Taten vor Gericht zu stellen. „Stattdessen sollen sie Teil des Parla-
ments werden und so den Kreis krimineller islamistischer Fundamentalisten vervollständigen", tadelt die RAWA-Angehörige
und bezweifelt, „dass sich mit einer Regierung in dieser Zusam-
mensetzung weder Freiheit noch Demokratie, Menschenrechte
oder Frieden realisieren lassen." Noch immer werden Frauen laut
Amina das Opfer von Ehrenmorden oder kommen wegen morali-
scher Verbrechen ins Gefängnis, weil sie ihren Ehemännern, die
sie misshandeln, davongelaufen sind oder weil sie mit Männern,
in die sie sich verliebt haben, vor einer Zwangsverheiratung
flüchten. Die Fünfundzwanzigjährige kennt Fälle, in denen Frau-
en für Ehebruch gesteinigt oder in denen ihnen die Lippen oder
Nasen abgeschnitten wurden. „Als die Amerikaner nach Afghanistan kamen sprachen sie von Gleichberechtigung und Menschenrechten. Doch das was hier mit Frauen tagtäglich passiert,
hat", für Amina, „nichts mit einer Einlösung dieses Versprechens
zu tun." Sie betont aber auch, dass das afghanische Volk selbst
für Freiheit, Demokratie, Menschenrechte, Chancengleichheit
und die Gleichstellung von Mann und Frau im täglichen Leben
kämpfen muss. Sie räumt ein, dass der Anteil weiblicher Abgeordneter ziemlich hoch ausfällt. „Aber diese Frauen sind genauso
wie die Männer an fundamentalistische Parteien und einflussrei-
che kriminelle Personen gebunden", erklärt sie. „Und sie sind

genauso undemokratisch wie ihre Kollegen. Sie passen sich an, spielen nach ihren Regeln." Was für mich die Frage aufwirft, wie das Selbstbild von afghanischen Frauen aussieht? Amina versucht mir begreiflich zu machen, dass eine große Zahl ihrer Landsmänninnen die gleiche Auffassung hinsichtlich der Rollenbilder vertritt, wie viele Männer. „In Afghanistan lernst du, dass du keinen Grund hast, stolz darauf zu sein, dass du eine Frau bist", so die Aktivistin. „Eine Frau, die aus dem gewohnten Rahmen fällt, ist Gespött und Verachtung ausgesetzt - auch von Seiten ihrer Geschlechtsgenossinnen. Frauen, die autofahren werden von anderen Frauen ausgelacht und manche denken, dass es rechtens ist, dass ein Mann seine Partnerin schlägt." Für Amina ist das nicht weiter verwunderlich: „Zum einen wachsen die Mädchen mit der gleichen kulturell geprägten Erziehung auf, wie die Jungs und zum anderen werden ihnen die Normen, Werte und Verhaltensregeln in der eigenen Familie Tag für Tag vorgelebt. Sie kennen nichts anderes." Eben deshalb ist es aus Sicht des RAWA-Mitglieds enorm wichtig, Aufklärungsarbeit zu leisten, die Frauen bewusst macht, dass sie und ihre Töchter ein Recht auf Bildung, Arbeit und ein Leben ohne Gewalt innerhalb und außerhalb des Hauses haben. Sie bedauert, dass die Fortschritte im Bereich der Frauenrechte von westlichen Medien und Politikern am Anteil weiblicher Abgeordneter festgemacht wird, die im Parlament sitzen oder an Frauen, die in den Ballungsräumen einer Tätigkeit nachgehen. „Als Gradmesser für den Erfolg gilt oft auch die Wiedereröffnung und der Bau von Schulen", so Amina, die betont, „dass sich in der weiten Fläche des Landes, fernab der Städte ein anderes Bild zeichnet. Kosmetische Veränderungen als großen Fortschritt zu feiern und als Rechtfertigung für die Präsenz Amerikas und seiner Alliierten in Afghanistan zu nutzen, ist eine Farce." Die Mehrzahl der Frauen friste noch immer ein menschenunwürdiges Dasein, geprägt von unsäglichen Qualen. „Und das, obwohl die Amerikaner die Not der weiblichen Bevölkerung 2001 mit zum Anlass nahmen unser Land zu besetzen. Ja, ich spreche von Besatzung", sagt Amina mit großer Verärgerung. „Denn, wer Kriminellen und islamischen Fundamentalisten, die allesamt keine glühenden Verfechter der Frauenfrage sind, zur Macht verhilft, tritt die Demokratie mit Füßen und trägt nicht zur Förderung von Menschen- und damit auch Frauenrechten bei." Sie bestätigt, dass die Regierung unter Hamid Karzai 2003 die Konvention der Vereinten Nationen zur Beseitigung jeglicher Form von Diskriminierung für Frauen unterzeichnet hat. Doch in Artikel drei der Verfassung sei fixiert worden, dass in der Islamischen Republik Afghanistan kein Gesetz im Widerspruch zum Glauben und den Bestimmungen des Islam stehen dürfe. „Sämtliche Zusagen in punkto Gleichberechtigung beziehungsweise Frauenrechte werden dadurch automatisch mit einem großen Fragezeichen versehen", stellt Amina fest und erinnert daran, „dass die Amerikaner und ihre Alliierten versprachen, die Situation der Frauen nachhaltig zu verbessern. Gleichzeitig stimmten sie unserer Verfassung trotz dieses Passus zu. Das ist doch blanker Hohn." Das sogenannte „EVAW"-Gesetz, das Gesetz zur Beseitigung von Gewalt an Frauen, steht seit nunmehr acht Jahren in der Diskussion. Ex-Präsident Hamid Karzai hat es 2009 per Dekret erlassen. Allerdings muss laut Verfassung auch das Parlament grünes Licht geben, damit das Gesetz zur Beseitigung der Gewalt an Frauen in Kraft treten kann. Das ist bislang nicht geschehen. Handlungen, wie beispielsweise Vergewaltigungen, Zwangsverheiratungen, die Vermählung Minderjähriger, Ehrenmorde und unter bestimmten Bedingungen die Vielehe werden in dem Papier unmissverständlich als Verbrechen deklariert und unter Strafe gestellt. Im Westen wurde das Gesetz als Meilenstein in der Frauenrechtsfrage gefeiert. Für Amina jedoch ist ein Stück Papier, auf dem Verbrechen gegen Frauen benannt und mit einem Strafmaß versehen wurden, noch lange kein Grund in Jubel auszubrechen. Sie räumt ein, dass die Verabschiedung durch das Parlament dazu beitragen kann das in punkto Frauenrechte bislang Erreichte abzusichern, durchzusetzen und weiterzuentwickeln. Die an Frauen verübten Gewalttaten und Zwangsmaßnahmen von offizieller staatlicher Seite als klares Unrecht zu werten, kann nach Aminas Auffassung durchaus dazu beitragen, dass in der Gesellschaft ein Umdenken stattfindet. Aber dazu müsste die Polizei erst einmal entsprechende Vorkommnisse verfolgen und Richter die Täter mit entsprechenden Sanktionen bis hin zur Inhaftierung belegen. „Es kann nicht angehen, dass diejenigen, die Frauen misshandeln ungeschoren davonkommen", kritisiert Amina. „Es gibt Fälle, in denen Vergewaltigungsopfer von Polizisten abgewiesen und als Prostituierte betitelt wurden. Sie machten sich nicht einmal die Mühe, die Aussagen der Frauen aufzunehmen, geschweige denn, Fälle weiter zu verfolgen." Frauen, die vor der Zwangsverheiratung flüchteten und bei der Polizei Hilfe suchten, sind dem RAWA-Mitglied zufolge von männlichen Ordnungshütern weggeschickt worden. Es sei ihnen nichts anderes übrig geblieben, als zu ihren Familien zurückzukehren oder sich an eine Frauenhilfsorganisation zu wenden, deren Mitarbeiter ihr Anliegen ernst nahmen. „Jeden Tag werden in Afghanistan Frauen geschlagen, vergewaltigt und in Ehen gezwungen, die sie nicht eingehen wollen", so Amina, die ernüchtert feststellt, „dass nur wenige dieser Verbrechen zur Anzeige oder an die Öffentlichkeit kommen, weil niemand da ist, an den sich die Opfer wenden können." Für sie liegt klar und deutlich auf der Hand, dass es mehr weibliche Polizisten und Richter geben muss, die Frauen, die von Gewalt betroffen sind, verstehen und sich in deren Lage hineinversetzen können. „Hinzu kommt, dass viele Gewaltopfer davor zurückschrecken ihre Peiniger anzuzeigen", wie Amina berichtet. „Sie müssen befürchten, dass sie von ihren Ehemännern oder ihren Familien dafür getötet werden." Und wenn ihr Fall vor Gericht kommt, gebe es keine Gewähr dafür, dass ihnen Recht zugesprochen wird, denn die Mehrheit der Richter seien Männern, die in traditionellen und kulturell verankerten Normen denken, die Amina in vielerlei Hinsicht als frauenfeindlich deutet. „Oft genug kommen die Täter, die ihren Opfern das Leben zur Hölle machen, straffrei davon", bilanziert die Menschenrechtlerin wütend. In einem Bericht der United Nations Assistance Mission in Afghanistan, in dessen Rahmen 110 weibliche Gewaltopfer befragt wurden, heißt es, dass ein Drittel der Frauen die im staatlichen Rechtssystem Hilfe suchten, von Polizisten aufgefordert wurden Schmiergelder zu zahlen oder sexuelle Gefälligkeiten zu erbringen, damit ihr Fall weiter verfolgt wird und nicht zuletzt stellte für die Befragten auch die Unkenntnis amtlicher Abläufe bis hin zum Gerichtsverfahren ein Hindernis dar.[59] Kritisiert wurde von den Befragten auch die mangelnde Professionalität, mit der sie sich beim Aufgeben der Anzeige konfrontiert sahen. „Vier Frauen gaben an, dass sie verbal beschimpft wurden, dass man ihnen mit Inhaftierung drohte und sie beschuldigte die Polizisten und die Staatsanwaltschaft im Verlauf der Ermittlungen zu belügen. Eine Frau sagte [während der Befragung durch die Mitarbeiter der United Nations Assistance Mission], dass ein Polizeibeamter explizit sie für die Gewalt verantwortlich machte, unter der sie litt. Sieben [weitere] Frauen gaben an, dass sie schwer dafür getadelt worden sind, als sie offiziell Anklage erhoben oder, dass sie von verschiedenen Rechtseinrichtungen die hinter dem Gesetz zur Beseitigung von Gewalt an Frauen stehen nachhaltig entmutigt wurden ihre Anklage weiter zu verfolgen. Und fünf [der Befragten] berichteten, dass die Mitarbeiter [dieser Einrichtungen] ihren Fällen keinerlei Aufmerksamkeit schenkten."[60] Für Amina sind die Ergebnisse der Befragung nicht weiter verwunderlich, sondern nur eine Bestätigung dessen, was sie ohnehin schon weiß und in Interviews regelmäßig

---

[59] United Nations Assistance Mission in Afghanistan (UNAMA): Justice through the eyes of Afghan Women: Cases of Violence against Women Addressed through Mediation and Court Adjudication, Kabul, April 2015, S. 24.URL: http://www.ohchr.org/Documents/Countries/AF/UNAMA_Afghan_Women15April2015.docx (Stand: 12.03.2018).
[60] Ebd.

zur Sprache bringt. Das Gesetz zur Beseitigung der Gewalt an Frauen markiert für die Menschenrechtlerin noch lange keinen bahnbrechenden Einschnitt, denn bis heute würden in der Praxis für die weibliche Bevölkerung nicht einmal die grundlegendsten Rechte gelten. Von großen Erfolgen und Meilensteinen könne angesichts dessen nicht die Rede sein. Das beste Beispiel ist für Amina die brutale Ermordung von Farkhunda, einer Studentin, die beschuldigt worden war, den Koran verbrannt zu haben. Im Herzen Kabuls fiel ein Mob zorniger Männer über die junge Frau her. Mit Holzlatten verprügelt und mit Fußtritten belegt, versuchte die blutüberströmte Afghanin der rasenden Menge zu erklären, dass sie zu Unrecht beschuldigt wurde das heilige Buch in Brand gesteckt zu haben. Ihr Flehen nach Erbarmen verhallte ungehört. Während einige Polizisten die unbarmherzige Horde still gewähren ließen, versuchten andere Ordnungshüter die Studentin aus den Fängen der Täter zu befreien und auf ein Dach zu retten. Vergebens. Die Beamten konnten der wutschäumenden Menge, die an ihren Fersen heftete nichts entgegensetzen und schauten zu, wie Farkhunda von ihren Mördern vom Dach in die Tiefe gestoßen wurde, wo einer der Männer den leblosen Körper mit seinem Wagen überfuhr. Anschließend steckte der Mob den Leichnam in Brand und warf ihn ins Bett des Kabuler Flusses. „All das geschah am helllichten Tag, mitten auf einer der belebtesten Straßen", sagt Amina. „Ich komme oft an der Stelle vorbei, an der Farkhunda hingerichtet wurde. Ich war nicht dabei, als diese unschuldige Frau gelyncht wurde, trotzdem ist es jedes Mal eine schmerzliche Erfahrung, an dieser Stelle vorüberzugehen, an der die Gräueltat geschah." Dass die Polizisten angesichts der Überzahl an Tätern nicht imstande war die Situation unter ihre Kontrolle zu bringen, glaubt die Aktivistin nicht. Für sie ist das eine Lüge. „Sicherheitskräfte können und müssen unter solchen Umständen handlungsfähig sein. Das ist ihr Job, das ist Bestandteil ihrer Ausbildung", argumentiert Amina. Der Fall Farkhunda bringt für die Aktivistin auf tragische Weise die Unterdrückung der Afghaninnen zum Ausdruck. Milliarden Dollar sind in Bildungs- und Aufklärungskampagnen, an Frauenrechtsorganisationen und liberale Medien geflossen und trotzdem geschieht mitten in der Landeshauptstadt, die bis zu Farkhundas Tot als Zentrum des Fortschritts galt, ein unvorstellbarer Akt der Barbarei. „Eine Regierung, die sich aus Kriegsverbrechern und islamistischen Fundamentalisten zusammensetzt, stellt sich nicht hinter die Rechte der Frauen", betont Amina noch einmal. „Täte sie das, dann wären wir in den vergangenen sechszehn Jahren ein ganzes Stück weiter gekommen. Farkhunda hätte vielleicht nicht sterben müssen, und viele Frauen könnten heute, anstatt im Suizid einen Ausweg zu suchen, die Möglichkeit nutzen, rechtliche Wege zu beschreiten." Schließlich stehe auch das Gesetz zur Beseitigung der Gewalt an Frauen nicht grundlos seit 2009 in der Diskussion. Selbst Frauen, die im Parlament sitzen hätten die Verabschiedung des Papiers nicht unterstützt und sich teilweise sogar dagegen ausgesprochen. „Ich kann nur noch einmal betonen, dass es nichts bringt, historisch betrachtet eine Rekordzahl an weiblichen Abgeordneten im Parlament sitzen zu haben, wenn die sich nicht für die Belange ihrer Geschlechtsgenossinnen engagieren", wiederholt Amina. „Die Gesetze, die wir haben, müssen Anwendung finden. Diejenigen, die Frauen Schmerz und Leid zufügen oder sie ermorden, müssen vor Gericht gestellt und für ihre Taten zur Rechenschaft gezogen werden, ansonsten findet kein Umdenken in den Köpfen statt. Nicht, wenn sie mit dem, was sie getan haben davonkommen." Das Problem ist nach Auffassung der RAWA-Angehörigen nicht das Rechtssystem, sondern die Tradition. Sie sei stärker in der Bevölkerung verankert als Gesetze, besonders in ländlichen Landstrichen, wo auch die Taliban und andere Extremisten praktisch allein herrschen. Darüber hinaus arrangieren sich nicht wenige Frauen mit der Gewalt die ihren Alltag prägt, weil sie es sich aus Gründen sozialer und finanzieller Sicherheit nicht leisten können, sich mit den Tätern oder ihrer Familie zu überwerfen, indem sie sich an die Polizei wenden und Anzeige erstatten.[61] Anstatt ein gerichtliches Verfahren anzustreben, greifen Ordnungshüter und Staatsanwälte deshalb laut Amina oft auf das Mittel der Streitschlichtung zurück. Allerdings kommen die Peiniger, verglichen mit dem Strafmaß, dass das Gesetz zur Beseitigung der Gewalt an Frauen für die jeweiligen Vergehen vorsieht, deutlich glimpflicher davon, wie die Aktivistin bemerkt. Die Opfer vollziehen auf diese Weise zwar keinen Bruch mit ihren Ehemännern, Vätern und Brüdern, von denen sie finanziell und sozial abhängig sind, allerdings gibt es nach Ansicht der Expertin keine Garantie dafür, dass in der weiteren Folge eine dauerhafte Verbesserung ihrer Situation eintritt. Der Fahrer lenkt den Wagen in eine Wohnsiedlung am Rande Kabuls. Langsam lässt er das Auto durch einen größeren Graben rollen. Marsia rät mir, die Luft anzuhalten. Als wir ihn passieren verstehe ich weshalb. Das, was ich aus der Entfernung für Wasser hielt, das sich nach dem Regen in ihm gesammelt hat, entpuppt sich als Abwasser. Der Graben ist nichts anderes als die Kanalisation der Siedlung. Beim Hindurchfahren steigt mir der stechende Geruch von Fäkalien in die Nase, die in ihm abgeleitet werden. Ein Stück weiter lenkt der Fahrer den Wagen durch eine kleine Gasse. Ein Mann treibt seinen Esel an uns vorbei. Auf seinem Rücken trägt das Tier große Blechbehälter. „Er holt Wasser", erklärt Amina. „Selbst hier in Kabul verfügt längst nicht jeder über einen eigenen Wasserhahn. Die Einwohner holen das, was sie zum Trinken, Kochen, Putzen oder für sanitäre Zwecke brauchen, am eigenen Brunnen, an öf-

---

[61] United Nations Assistance Mission in Afghanistan (UNAMA): Justice through the eyes of Afghan Women: Cases of Violence against Women Addressed through Mediation and Court Adjudication, Kabul, April 2015, S. 33. URL: http://www.ohchr.org/Documents/Countries/AF/UNAMA_Afghan_Women15April2015.docx (Stand: 12.03.2018)

fentlichen Pumpen oder gegen Bares von Tankern privater Händler.“ Wer einen Esel oder ein Auto besitzt, kann sich, in Anbetracht der Tatsache, dass viele die bis zum Rand mit Wasser gefüllten Kanister selbst nach Hause schleppen müssen, aus Sicht der Fünfundzwanzigjährigen glücklich schätzen. „Jeder weiß, wie viel so ein Behälter, der fünf oder zehn Liter fasst, wiegt und dass der Inhalt schnell verbraucht ist. Wer“, laut Amina, „in einem der oberen Stockwerke eines großen Hauses wohnt oder nicht in unmittelbarer Nähe einer öffentlichen Entnahmestelle, muss zusehen, wie er die schweren Kanister transportiert. Für Kinder und alte Menschen eine Strapaze, insbesondere dann, wenn der Vorrat nicht groß oder an heißen Tagen schnell aufgebraucht ist.“ Die Limousine rollte durch Löcher und über Erhebungen im Boden. Wieder und wieder dreht der Fahrer das Lenkrad in der langen, unasphaltierten Gasse mal nach rechts, dann nach links, um den Unebenheiten so gut es geht auszuweichen. Das Fahrwerk knarrt und quietscht, dann ein kräftiger Rums, die Räder drehen durch, der Wagen hängt fest. Ein Blick unter das klapprige Vehikel zeigt, wo das Problem liegt. Wir sitzen mit der Achse auf einem großen Stein fest, den der Mann hinterm Steuer bei seiner Schlenkerfahrt wohl schlichtweg übersehen hat. Der Anwohner, den wir mit seinem Esel vor ein paar Minuten überholt hatten, kann sich beim Näherkommen ein Schmunzeln nicht verkneifen. Während die beiden Männer versuchen, das Auto wieder flott zu kriegen, laufen Amina und ich im Schatten der hohen Lehmmauern, die sich auf beiden Seiten des besseren Feldwegs aneinanderreihen, zu einem nur wenige Schritte entfernten Haus. Wir klopfen an eine in das Bollwerk eingelassene Holztüre. Eine ältere Frau öffnet und bittet uns mit einem freundlichen „Salam“ herein. Wir folgen ihr durch den Hof. Auf einem Holzgerüst sind Kleider zum Trocknen aufgehängt. Eine Frau sitzt auf einem Hocker und webt. Ihr Blick folgt uns, bis wir in dem Gebäude verschwunden sind. Wir gelangen ins Wohnzimmer. Drei Frauen haben dort auf

Decken und Kissen Platz genommen. Sie unterbrechen ihre Unterhaltung, erheben sich, begrüßen uns und fordern uns auf, sich zu ihnen zu setzen. Eine von ihnen hält ein Kind im Arm. Es ist Sitara, die als erste in der Runde ihre Stimme erhebt. Ihren richtigen Namen will sie aus Angst erkannt zu werden nicht nennen. Sie verdient ihren Lebensunterhalt als Prostituierte. Sitara hat in der afghanischen Gesellschaft keinen Platz. Sie ist eine Ausgestoßene, wie sie selbst sagt. „Prostituierte sind Frauen, die keine Ehre haben und die in Schande leben", erzählt sie und berichtet, „dass die Vorbehalte so weit gehen, dass Ärzte sich weigern, uns zu behandeln. Sie haben Angst, dass andere Patienten nicht mehr zu ihnen kommen, wenn herauskommt, dass sie Prostituierten helfen." Amina betont, dass Frauen, die ihre Körper verkaufen, dringend Hilfe benötigen. Doch die gebe es kaum. Die Gefahr, in der Öffentlichkeit als Förderer der „gewerbsmäßigen Unzucht" abgestempelt zu werden, sei vielen zu groß. Unternehmen oder Privatleute, die beispielsweise bereit wären Geld zu spenden oder Unterkünfte zur Verfügung zu stellen, um Prosituierten zu helfen, die vor ihren Ehemännern fliehen, die sie für sexuelle Dienstleistungen verkaufen, ließen sich nicht finden. Hilfe für Prostituierte zu erhalten sei extrem schwierig. „Die meisten haben einfach Angst, ihr Ansehen zu verspielen, wenn bekannt wird, dass sie sich für Frauen engagieren, die Sex gegen Geld verkaufen", erzählt Amina. „Wer immer dieses Thema angeht, deckt auf, dass es dieses Problem gibt und dass es gerade die konservativen, fundamentalistischen Männerkreise sind, die am ehesten zu den Liebesdienerinnen gehen." Entgegen aller Vermutungen ist Sitara keine Witwe. Oft hatte ich von Afghanen gehört, dass es in erster Linie Witwen seien, die ihren Körper verkaufen, um sich und ihre Kinder zu ernähren. Aber Sitara wird von ihrem Mann dazu gezwungen. „Er ist drogenabhängig und arbeitslos", erzählt die Sechsunddreißigjährige. „Mich zwingt er zur Prostitution, damit die Familie über die Runden kommt." Sitara ist darauf nicht stolz. Ihre Augen sehen matt und müde aus. Ihr Bauch ist im Vergleich zum Rest ihres Körpers übermäßig groß. Schwanger sei sie nicht, wie sie versichert, ihr Bauch schmerze oft, sie finde aber keinen Arzt, der sie behandle. Auch mit der Verhütung sei es schwierig. Kondome oder die Pille gebe es zwar, aber diese Dinge seien schwer zu beschaffen und teuer. Ihr fehle das notwendige Geld. Sitara ist sich sicher, dass es keine Chance gibt, ihr Leben in bessere Bahnen zu lenken. „Für mich gibt es keine Hoffnung", davon ist sie überzeugt. Oft hat sie darüber nachgedacht, allem ein Ende zu bereiten und sich das Leben zu nehmen. Aber der Islam verbietet Selbstmord und die letzte Würde, die sie noch hat, will sich die Sechsunddreißigjährige nicht selbst nehmen. So erduldet sie still die Demütigungen, die sie nicht nur von ihrem Ehemann, sondern auch von ihren Söhnen erfährt. „Sie haben keinen Respekt vor mir, für sie bin ich weniger wert als ein Tier", sagt sie. Der älteste Sohn sei achtzehn Jahre alt. Er arbeite als Straßenkehrer. „Wenn er kein Geld hat, dann zwingt er mich, welches zu besorgen", berichtet Sitara und erinnert sich, „wie er einmal sogar mit einem Messer auf mich losgegangen und mich an den Armen mit einigen Schnitten schwer verletzt hat." Seine jüngeren Brüder hätten alles mit angesehen. Mühsam habe sie sich zu einem Doktor geschleppt, um die Wunden nähen zu lassen. „Ich habe den Respekt meiner Söhne verloren, weil ich in der Wohnung, vor ihren Augen, mit fremden Männern Sex habe", vergegenwärtigt Sitara die Verhältnisse, in denen sie lebt. „Draußen auf der Straße, an irgendeiner Ecke, spricht mein Mann wahllos Männer an und führt sie hinauf in die Wohnung, wo ich und die Kinder sind", berichtet die Sechsunddreißigjährige völlig emotionslos. Was die Nachbarn denken, oder dass es Probleme mit der Polizei geben könnte, wenn er seine Frau in der Öffentlichkeit anbietet, darüber denke er nicht nach. „Warum auch?", fragt Sitara und erklärt: „Das Risiko verhaftet und verurteilt, schwanger oder krank zu werden, trage ich ganz allein." In den vergangenen drei Jahren sei sie insgesamt zwei Mal schwanger geworden. Und jedes Mal habe sie das Kind abtreiben müssen. Es sei nicht einfach, jemanden zu finden, der eine illegale Abtreibung vornehme. Doch durch eine Nachbarin, die ebenfalls von ihrem Mann zur Prostitution gezwungen werde, habe sie eine Medizinerin aus Tadschikistan gefunden, die gegen viel Geld bereit gewesen sei, den Eingriff vorzunehmen. Beim zweiten Mal habe sie eine Pille genommen, durch die eine Fehlgeburt eingeleitet wurde. Über die psychischen Folgen ist sie bis heute noch nicht hinweggekommen. Permanent überwältigen sie die Bilder ihrer Vergangenheit, wühlen sie auf, verursachen Ängste, die sie nicht einordnen kann. Sie leidet unter Depressionen. Mit diesen Sorgen bleibt sie allein. „Ich brauche einen Psychologen, wie ihr das im Westen nennt, aber hier gibt es so etwas nicht", erzählt sie. „Ich kann darüber nicht sprechen. Es steckt alles in mir, und es kann nicht heraus." Amina erklärt, dass RAWA diese Frauen nur physisch, nicht aber psychisch in die Gesellschaft reintegrieren kann. Mit den Wunden und Narben, die die Prostitution hinterlässt, blieben die Betroffenen allein und hätten bis an ihr Lebensende mit ihnen zu kämpfen. An die Gesichter der Männer, mit denen Sitara Geschlechtsverkehr hatte, kann sie sich nicht erinnern. „Es sind zu viele gewesen, die in mich eingedrungen sind", sagt sie mit der gleichen Ausdruckslosigkeit und Resignation, mit der sie schon die ganze Zeit über ihre Erlebnisse spricht. In den Spiegel könne sie kaum noch schauen. Zu groß sei die Abscheu vor sich selbst. Sie fühle sich nicht wohl in ihrer Haut und sei extrem unglücklich darüber, was sie mehrmals in der Woche tun müsse. Welchen Preis ihr Zuhälter für sie verlangt, weiß sie nicht. „Die Freier kommen und gehen. Mein Mann kassiert unten an der Tür ab, bringt sie hoch, ich lege mich hin und das war's", erzählt sie. Früher sei sie häufig auf der Seite gelegen und habe geweint. Im Unterleib habe sie fast pausenlos Schmerzen und könne deshalb manchmal überhaupt nicht mehr laufen, sondern einfach nur daliegen. „Dann wird mein Mann wütend, und meine Söhne verstehen mich nicht. Ich soll Geld bringen und nicht auf der faulen

Haut liegen. Ich würde ohnehin den ganzen Tag nichts anderes tun als die Beine breit machen und mich dabei vergnügen." Sitara ist eine gebrochene Frau, wie sie selbst sagt. „Ich habe so viel erlebt und erduldet", erzählt sie. „Ich ernähre die Familie und habe keinerlei Rechte. Ich darf nichts entscheiden und nichts bestimmen. Das Einzige was ich darf, ist die fortwährenden Demütigungen zu erdulden, nicht mehr und nicht weniger." Vor seiner Drogensucht war ihr Mann ein Talib gewesen. „Es ist schon komisch. Da predigen sie den Koran, halten Jungfräulichkeit und Keuschheut hoch, und dann schickt einer, der ihre Anschauungen bis heute voll und ganz teilt, seine Frau auf den Strich", stellt die Sechsunddreißigjährige nüchtern fest. Irgendwann sei ihr Mann „übergeschnappt". Sitara sieht die Ursache in traumatischen Kriegserlebnissen. „In manchen Nächten ist er schreiend und schweißgebadet aufgewacht. Er hatte regelrechte Panikattacken und ist wegen jeder Kleinigkeit ausgerastet. Er war ständig nervös, es fiel ihm schwer sich zu konzentrieren", schildert sie ihre Beobachtungen. „Teilweise ist er gar nicht ansprechbar gewesen. Irgendwie war er völlig weggetreten. Ständig befiel ihn die Angst, dass jemand ins Haus eindringen könnte. Also hat er permanent Türschlösser und Fenster kontrolliert." Irgendwann sei er nicht mehr fähig gewesen zu arbeiten. Rückblickend ist die Sechsunddreißigjährige überzeugt, dass ihr Mann zu den Drogen griff, weil er die Bilder des Krieges nicht mehr aus seinem Kopf bekam. Was mit dem Versuch begann, sich zu betäuben, endete in einer für ihn und sein Umfeld folgenschweren Sucht. Erst bettelte er bei seinen Verwandten um Geld. Die machten ihm aber ziemlich schnell klar, dass er sein Leben wieder auf die Reihe kriegen muss. „Doch bei jeder Stelle, die mein Mann annahm, warf ihn der Chef nach kurzer Zeit raus", erzählt Sitara. „Einmal mehr pumpte er seine Brüder an, die daraufhin vollständig den Kontakt abbrachen." Kaum waren die meisten Dinge, die von Wert waren verkauft, schickte der einstige Taliban seine Frau anschaffen. Schließlich war er selbst nicht mehr in der Lage, einer geregelten Tätigkeit nachzugehen. Folglich mussten andere ihn, seine Sucht und die Familie finanzieren. Ein Göttergatte ist Sitaras Angetrauter zwar nie gewesen, aber der Konsum von Rauschgift machte das Zusammenleben mit ihm vollends zum Martyrium. Der Ehemann der Sechsunddreißigjährigen ist zwischenzeitlich unberechenbar. Oft genug ist Sitara von ihrem Mann geschlagen und getreten worden. Doch das ist für die Afghanin, die mindestens zehn Jahre älter aussieht als sie ist, nicht das Schlimmste. „Er schlägt meine vierjährige Tochter halb tot", offenbart sie. „Mein Gott, wie oft hat das Kind geblutet. Ich kann gar nicht sagen wie oft sie an Armen, Beinen, dem Rücken und sogar im Gesicht blaue Flecken hatte." Sitara weint nicht. Selbst als sie mir von den Leiden ihrer kleinen Tochter erzählt, die zu ihren Füßen an einer Dose Cola nippt, zeigt ihr Gesicht keine Regung. „Mein Mann schlägt die Kleine, um auf der Straße mit ihr Betteln zu können. Er erzählt den Leuten, dass sie einen Unfall hatte und er Geld für die Behandlung braucht", sagt Sitara. „Aber, was er kauft sind Drogen." Sie erinnert sich an ihre Kindheit und Jugendzeit. In ihrem gesamten Leben habe es nie einen Abschnitt gegeben, in dem sie glücklich gewesen sei. Im Alter von sieben Jahren hat die Sechsunddreißigjährige ihre Mutter verloren. Als sie vierzehn wurde, ist ihr Vater an einer Lungenentzündung gestorben. Ihre zwei Brüder haben sie und ihre beiden Schwestern an irgendwelche Männer gegen Geld verkauft. So kam Sitara von Kandahar nach Kabul, wo sie ihr Mann, selbst als es ihm finanziell gut ging, schlug. Heute zweifelt sie keinen Augenblick daran, dass er ihre kleine Tochter, wenn sie alt genug ist, ebenfalls zur Prostitution zwingt. „Ich werde alles tun, um das zu verhindern", versichert sie mit leiser werdender Stimme. Was genau sie ihrem Peiniger entgegensetzen wird, wenn ihre schlimmsten Befürchtungen tatsächlich eintreten, kann Sitara nicht sagen. Schweigend sieht sie ihre Tochter an. Nach ein paar Augenblicken ist die vierfache Mutter wieder in der Lage zu sprechen. „Wahrscheinlich kann ich es nicht einmal verhindern, dass er meine Tochter an Freier verkauft. Trotzdem, will“, die Sechsunddreißigjährige, „alles daran setzen, ihr Kind zu schützen.“ Sitaras gesamtes Leben ist schlecht verlaufen. An etwas Gutes oder Schönes kann sie sich nicht erinnern. Seit sie denken kann, habe sie gelitten, schlechte Erfahrungen gemacht, und nun sei sie eine Prostituierte. Niemand in ihrer Familie interessiere sich dafür, wie sie sich fühle, wenn sie mit fremden Männern ins Bett gehen müsse. Auch ihren Brüdern sei egal, wie ihr Mann sie behandle. „Keiner schützt mich. Die Freier können mit mir machen, was sie wollen, und meine Kinder bekommen es mit“, klagt sie. Nach dem erzwungenen Geschlechtsverkehr habe sie sich früher oft übergeben. „Ich habe Dinge machen müssen beim Sex, von denen ich nie eine Vorstellung hatte“, fährt sie fort. „Das waren Dinge, bei denen ich nur noch Ekel empfand und mir nur wünschte, dass es bald vorbei ist und der Kerl schnell wieder geht. Das sind doch keine Männer, die so etwas tun. Ich hasse sie dafür.“ Schlimm ist für Sitara die Verachtung mit der sie die Freier strafen: „Sie bestätigen das schlechte Bild, das ich ohnehin von mir selbst habe. Ich fühle mich wertlos und schmutzig.“ Fremde Männer schlugen und bespuckten sie. Verzweifelt, gepackt von Angst und unfähig sich zur Wehr zu setzen, harrte Sitara aus, bis die Freier von ihr abließen. Auf den Schutz und die Hilfe ihres Zuhälters hofft sie bei solchen Gewaltausbrüchen schon lange nicht mehr. Zu oft hat er sie im Stich gelassen. Das einzige, was er für sie übrig hat, sind Vorwürfe. „Du bist nicht freundlich, du behandelst die Männer nicht gut genug, es liegt an dir, nicht an den Freiern“, wiederholt die Sechsunddreißigjährige die Sätze, die ihr Mann in solchen Fällen erbarmungslos an den Kopf knallt. Tröstende Worte, eine helfende Hand bei der Wundversorgung oder ein entschiedenes Eingreifen, wenn der Kunde ungehalten wird - Fehlanzeige. „Stattdessen kriege ich zu hören, dass ich mit all den blauen Flecken, die mir die Fremden schon verpasst haben, keinen guten Preis einbringe", fasst Sitara die schlimmsten Befürchtungen ihres Zuhälters zusammen. Erneut hüllt sich die Gepeinigte für Sekunden, die wie eine Ewigkeit anmuten, in Schweigen. Sie lehnt sich mit dem Rücken gegen die Wand, während ihr Blick starr auf dem steinernen Boden verharrt. Fast wie in Zeitlupe wiegt Sitara ihren Kopf vor und zurück, ganz so als wollte sie nicken. Während sie mit den Zähnen auf den Lippen kaut, verengen sich ihre Augen zu Schlitzen. Kurz darauf bricht all die Enttäuschung, der Schmerz und die Wut aus ihr heraus, die sich über Jahre angestaut haben und über die sie nie mit jemandem sprechen konnte. Die Sechsunddreißigjährige macht keinen Hehl daraus, dass sie ihren Peiniger nicht mehr sehen und ertragen kann. „Diese Ehe ist für mich nichts weiter als eine Fessel, mit der ich an diesen Dreckskerl gekettet bin", sagt sie zornig und gesteht: „Ich habe diesen Menschen so satt. An manchen Tagen könnte ich ihm an die Gurgel gehen. Aber wegen ihm will ich nicht ins Gefängnis wandern." Was Sitara bleibt ist die Flucht. Deshalb besucht sie die Bildungsangebote von RA-WA. Ihren Mann konnte sie überzeugen, dass die Kenntnisse und Fähigkeiten, die sich auf diesem Weg aneignet auch für ihn von Vorteil sind. Nicht sofort, aber doch in naher Zukunft. Die Aussicht auf eine weitere Einnahmequelle motivierte ihn, Sitara die Teilnahme an Näh- und Webkursen zu gestatten. Dass es sich um RAWA-Angebote handelt, die Frauen helfen sollen berufliche Perspektiven zu entwickeln, hat sie ihm verschwiegen. „Ansonsten hätte er sofort gewusst, was ich insgeheim vorhabe", da ist sich die Mutter von vier Kindern sicher. Und so lange er keine Fragen oder Nachforschungen anstellt, verschweigt sie ihm Details. Je weniger er weiß, umso besser für sie und ihre Tochter. „Ich habe gar keine andere Wahl, als meinem Mann die Wahrheit zu verschweigen, wenn ich mir die Chance, ihn zu verlassen, nicht zerstören will", macht sie mir begreiflich. Sie versucht von einem Tag auf den anderen zu überleben. Die Schilderungen der Sechsunddreißigjährigen lassen keinen Zweifel daran, dass sie das letzte bisschen Kraft, das noch in ihr steckt, für das kleine Kind mobilisiert, das zu ihren Füßen sitzt. Ihre Tochter ist der Grund, weshalb Sitara Bildungsangebote besucht und Fluchtpläne schmiedet. „Eigentlich sollte sie zur Schule gehen, anstatt mit Gewalt, Angst und Drohungen aufzuwachsen", findet die Sechsunddreißigjährige, die sich im Klaren ist, dass sich die Aussicht auf ein besseres Leben für die Vierjährige nicht erfüllt, wenn sie es nicht schafft die ungesunde Beziehung zu ihrem Mann zu beenden. Denn dazu müsste der erst einmal seine Drogenabhängigkeit überwinden und zudem noch seine Haltung gegenüber Frauen ändern. „Er betrachtet meine Tochter und mich als sein Eigentum, mit dem er machen kann, was er will", seufzt Sitara, die selbst bei ihren Brüdern weder Unterstützung, noch Schutz findet. Nach ihrer Vermählung brach der Kontakt zu ihren engsten Verwandten ab. Jahre später, als Drogenkonsum und Prostitution zunehmend ihren Alltag bestimmten, begriff Sitara, dass sie aus dem sich abzeichnenden Teufelskreis ausbrechen muss. Kaum hatte ihr Mann das Haus verlassen, schnappte sie eine schon lange gepackte Tasche und flüchtete zu ihren Brüdern, die nichts Besseres zu tun wussten, als die verzweifelte und aufgewühlte Frau zu ihrem Peiniger zurückzubringen. Sitaras Martyrium begann von Neuem. „Meine Brüder kümmert es nicht, an was für einen Menschen sie mich verheiratet haben, und noch weniger interessiert es sie, wie es mir in meiner Ehe ergeht. In Afghanistan bist du als Frau nichts wert", umreißt die Sechsunddreißigjährige ihre schmerzhaft erworbene Erkenntnis. Dass sie bei ihren engsten Verwandten Hilfe suchte bereut sie im Nachhinein. „In einem Land, in dem Frauen von ihrer Familie der Ehre wegen in eine Vermählung mit ihren Vergewaltigern gezwungen werden, ist es", nach Sitaras heutiger Meinung, „töricht Beistand und Verständnis zu erwarten." Trotzdem war es für sie eine niederschmetternde Erfahrung von ihren Brüdern abgewiesen und verstoßen zu werden. Die Sechsunddreißigjährige musste sich mit der Tatsache abfinden, dass sie in ihrer Not auf sich allein gestellt ist. Sie sagt aber, dass die Zurückweisung durch ihre Brüder ein Schlüsselerlebnis war, das ihr den Anstoß gab, sich an RAWA zu wenden. „Während mich diejenigen, mit denen ich aufgewachsen bin, links liegen lassen, unterstützen mich nun fremde Menschen dabei, mein Leben in neue, bessere Bahnen zu lenken“, so Sitara, die betont, dass sie ohne RAWA nicht imstande wäre der gnadenlosen Ausbeutung und Gewalt zu entkommen. Die ins Auge gefasste Flucht versteht die Afghanin als Pflicht ihrer Tochter gegenüber. „Sie hat ein Recht auf ihre Zukunft“, sagt Sitara mit fester Stimme. Doch was wird aus ihren Söhnen? Die Sechsunddreißigjährige versichert, dass ihr Vater noch nie die Hand gegen sie erhoben hat. Seine Söhne seien sein ganzer Stolz. „Wenn ich sie ihm wegnehme, wird er höchstwahrscheinlich alle Hebel in Bewegung setzen, um mich aufzuspüren“, befürchtet die vierfache Mutter. „Außerdem bringen mir meine Söhne schon lange keinen Respekt mehr entgegen. Für sie bin ich nichts weiter als eine Hure.“ Begleitet von einem tiefen Seufzer greift Sitara nach ihrer Burka. Sie hat es eilig. Das Gespräch am Rande Kabuls kam nur zustande, weil sie ihrem Peiniger glaubhaft machen konnte, dass sie die Tochter ins Krankenhaus bringt, wo sie von einer Ärztin untersucht wird. Allein die Anreise hat eine Stunde gedauert. Um kein Misstrauen zu erwecken, müssen sich Mutter und Kind schleunigst auf den Heimweg machen. Schnell streift sie sich den Schleier über, zum Abschied hebt Sitara flüchtig die Hand, während sie mit der anderen das Kind über die Türschwelle schiebt. Heute Nacht wird sie sich wieder an einen Freier verkaufen. Das wird sie so lange tun müssen, bis sie bereit und imstande ist, ein neues Kapitel aufzuschlagen. Wie viele Frauen in Kabul der Prostitution nachgehen, weiß Amina nicht. Das Sexgewerbe sei illegal und laufe im Verborgenen ab. Exakte Zahlen liegen deshalb nicht vor. Die RAWA-Aktivistin geht aber davon aus, dass es mehrere Tausend sind. Zumindest lasse die Menge der Kontakte, die die Mitglieder der Organisation zu Betroffenen unterhalten, diesen Schluss zu. Unter ihnen gibt es nach Auskunft von Amina auch Frauen, die mit Aids infiziert sind. Während wir reden, betritt eine weitere Besucherin das Wohnzimmer. Sie heißt Zarmina und verdient ihr Geld ebenfalls mit Prostitution. Ihr neunzehn Jahre älterer Ehemann wurde von den Taliban erschossen. Seither geht die Sechsundzwanzigjährige auf den Strich. Ihre Familie ist zu arm, um sie und die vier Kinder finanziell zu unterstützen. Zarminas traurige Geschichte begann vor fünf Jahren. „Die Sonne schien, der Himmel war strahlend blau, die Kinder tollten im Hof herum, meine Schwiegermutter knetete den Brotteig, ich hängte die Wäsche im Garten auf und mein Mann bestellte das Feld", erzählt die junge Frau. Plötzlich tauchten die Taliban auf. Zarminas Mann war einer der ersten, den sie an diesem Tag rücksichtslos ermordeten. Als die Islamisten das Dorf erreichten, schossen sie wild ums sich, trieben Männer, Frauen und Kinder aus den Häusern, zerrten das Vieh aus den Ställen, strecken es mit der Waffe nieder und zündeten danach jedes Gebäude an. Wer nicht flüchten konnte, wurde niedergeschlagen, getreten oder erschossen. „Die Frauen vergewaltigten sie", schluchzt Zarmina, die sich mit dem Ärmel ihrer Bluse die Tränen von den Wangen wischt. Zarmina wird diesen verhängnisvollen Tag nie aus ihrem Gedächtnis streichen können. Von einer Minuten zur nächsten war aus ihr eine mittel- und obdachlose Witwe geworden, deren ganze Habe aus den Kleidern bestand, die sie am Leibe trug. Die junge Frau war auf sich alleine gestellt. Weder ihre Familie, noch die ihres Mannes konnte ihr weiterhelfen. Zarmina blieb nichts anders übrig, als nach Kabul zu gehen. Eine Arbeit hat sie nicht gefunden. In der ersten Zeit habe sie für Leute, die sich das leisten konnten, die Wäsche gewaschen. Doch das Geld, das sie mit diesen Job verdiente, reichte nicht. „Frauen haben es ohnehin schwer, eine Arbeit zu finden", sagt sie. „Ich kann weder lesen noch schreiben. Ich habe keine Ausbildung, und der Arbeitsmarkt ist auf Männer ausgerichtet. In der Prostitution sah ich einen Ausweg." Ihre Freier traf Zarmina anfangs auf der Straße. Sie streifte ihre Burka über, ging vor die Tür und sprach einfach potentielle Kunden an. Ein gefährliches Unterfangen. Doch die Sechsundzwanzigjährige hatte keine andere Wahl. Sie nahm es in Kauf, von den Männern, denen sie bei Nacht begegnete, wie Dreck behandelt zu werden. „Ich musste mir sagen lassen, dass ich keine Ehre habe, dass ich eine Schande für meine Familie bin. Aber das ist", laut Zarmina, „nicht das Schlimmste. Ich wurde schon auf offener Straße verprügelt. Niemand kümmert es, wenn eine Nutte verletzt am Boden liegt." Unter Schmerzen schleppte sie sich zurück ins Haus, um ihre Platzwunden zu verarzten. Doch die schnell verheilten Blessuren auf ihrer Haut waren für die junge Frau bei weitem nicht so einschneidend, wie die seelischen Verletzungen, die sie davontrug. „Jedes Mal, wenn ich vor die Türe ging, saß mir die Angst im Nacken. Mein Herz klopfte wie wild und ständig hatte ich das Gefühl, dass es mir die Luft abschnürt, sobald ich das Haus verlasse", erzählt die Sechsundzwanzigjährige, die noch lange „permanent damit rechnete auf offener Straße angegriffen zu werden". Durch den Zwischenfall ist sie vorsichtig geworden. Zarmina hat sich einen festen Kundenstamm aufgebaut. Die Freier rufen sie auf dem Mobiltelefon an, um einen Termin zu vereinbaren. „Ich denke, dass die Wahrscheinlichkeit mich mit irgendeiner Krankheit anzustecken deshalb nicht so hoch ist", argumentiert die junge Frau, die nach wie vor für andere Leute die Wäsche macht. Auf dieses Einkommen kann sie nicht verzichten. Ansonsten müsste die Sechsundzwanzigjährige wieder auf die Straße gehen und nach potentiellen Freiern Ausschau halten. Und genau das will sie nicht. „Schließlich steige ich nicht aus Spaß am Sex mit den Männern ins Bett", stellt Zarmina klar. „Als ich mit der Prostitution anfing, bin ich völlig naiv an die ganze Sache herangegangen. Ich glaubte auf diese Weise leichtes Geld zu machen." Ein Irrtum, den sie zutiefst bereut. Heute ist sie überzeugt, dass es besser ist, jede noch so schwere Tätigkeit auszuüben, anstatt seinen Körper zu verkau-

fen. Aber als Frau ohne Mann ist sie nach eigener Aussage aufge-
schmissen. „Hätte ich eine gute Ausbildung, könnte ich vielleicht
eine Arbeit in einem Büro finden", sagt Zarmina. „Aber das ist
nicht der Fall. Also muss ich mich mit einfachen Jobs über Wasser halten." Alphabetisierungs-, Näh- oder Webkurse besuchen -
aus Sicht der Sechsundzwanzigjährigen sind solche Angebote
zwar recht und schön, doch die Herstellung von Teppichen oder
Kleidungsstücken spüle nicht genug Bares in die leere Haushalts-
kasse. Beim Gang über den Kabuler Bazar wird schnell klar, dass
die Zahl der Händler, die derartige Waren an die Marktbesucher
bringen wollen, groß ist. Höchstpreise und enorme Absatzmen-
gen lassen sich mit den Handarbeiten nicht erzielen. „Nicht nur
mir wachsen die Geldsorgen über den Kopf, sondern auch vielen
anderen", betont Zarmina. „Keiner braucht Unmengen von Kleidern, Teppichen oder Decken. Die Reichen können sich das leisten, aber niemand, der schon allein fürs Essen jeden Afghani
zweimal umdrehen muss." Die Sechsundzwanzigjährige würde
gerne eine Ausbildung machen. Allerdings hat sie Kinder, die sie
nicht alleine lassen kann. Zarmina hat niemanden, der auf die
Kleinen aufpasst. Die Eltern ihres toten Ehemannes leben nicht
mehr und ihr Schwager wurde bei dem Überfall der Taliban ebenfalls erschossen. „Seine Frau war fünfzehn und kinderlos. Sie
ging zu ihren Eltern zurück", erzählt die Sechsundzwanzigjährige. „Meine Familie lebt nicht in Kabul und ist zu arm, um mir
unter die Arme zu greifen." Der Traum von einer Ausbildung
rückt damit in weite Ferne. Die junge Frau ist nicht glücklich. Als
ihr Mann noch lebte, sei alles besser gewesen. Es war eine glückliche Ehe, wie sie sagt. Morgens habe sie die Kinder geweckt,
ihnen Frühstück gemacht und die Kühe gemolken. Anschließend
sei sie mit ihrem Mann hinaus auf das Feld gegangen, das sie
zusammen bestellten. Er habe sie respektiert und in wichtige Entscheidungen eingebunden. Nie habe er die Hand gegen sie erhoben. Er sei ein liebevoller Ehemann und Vater gewesen. „Und

nun liegt mein Leben in Scherben", klagt sie. Zarmina erhebt sich. Sie winkt ihre Kinder zu sich. Gemeinsam verlassen sie das Haus am Rande der Stadt. Wo sie das Geld für die nächste Woche herbekommt, um Lebensmittel zu kaufen und die Miete für ihre Wohnung zu bezahlen, weiß Zarmina noch nicht. Wahrscheinlich wird sie einen ihrer Freier anrufen – so wie sie es immer tut, wenn ihr akut die finanziellen Mittel fehlen. Wie so oft wird sie auch dann hoffen, dass die Männer sie gut behandeln und sie sich nicht mit Krankheiten anstecken. Während die Sechsundzwanzigjährige zusammen mit ihren Kindern den Raum verlässt, nippt Amina an ihrem Teeglas. Die RAWA-Aktivistin weiß, wie schwer es alleinstehende Frauen mit kleinen Kindern haben. Sie ist sich aber sicher, dass Zarmina ihre Meinung in Bezug auf eine normale Beschäftigung noch ändern wird. „Sie ist traumatisiert und hat deshalb Angst ihre Wohnung zu verlassen. In ihren vier Wänden fühlt sie sich", Amina zufolge, „sicher. Die Gewalt, die sie durch die Taliban erlebt hat, und die Attacke, die sie auf der Suche nach Freiern über sich ergehen lassen musste, hat sie bis zum heutigen Tag nicht überwunden, auch wenn sie indirekt das Gegenteil behauptet." Dass sie zum Gespräch überhaupt erschienen ist, grenzt für die Menschenrechtlerin an ein Wunder. „Zarmina muss", nach Ansicht von Amina, „erst wieder lernen, in sich und andere Vertrauen zu setzen. Es bringt nichts, wenn sie mit ihren Kindern zuhause sitzt. Sie muss die Wohnung verlassen und am Leben teilnehmen." Die Aktivistin ist sich sicher, dass dieses Treffen einen Beitrag dazu geleistet hat, wenn auch nur einen kleinen. Doch viele kleine Schritte zusammengenommen können in ihren Augen am Ende zu einem großen Fortschritt führen, der Frauen wie Zarmina den Anstoß gibt nach vorn zu blicken. RAWA leistet dabei wertvolle Hilfe. Hühnerfarmen, Imkereien, Arbeitsplätze in der Textilherstellung oder im Handwerk - Amina zufolge unterhält die Organisation zahlreiche Projekte, die Beschäftigungsmöglichkeiten bieten. Mädchen und Jungen können über die Vereinigung eine Schule besuchen, während ihre

Mütter in den von RAWA betriebenen Arbeitsstätten nähen, sticken, schneidern oder einem Kunsthandwerk nachgehen können. „Wer sich mit den erworbenen Kompetenzen selbstständig machen will, bekommt", nach Auskunft der Frauen- und Menschenrechtlerin, „eine begleitende Beratung mit Anschubfinanzierung." Viele derjenigen, die sich in ihrer Verzweiflung an die Vereinigung gewandt haben und die zuvor ihren Unterhalt durch Betteln und Prostitution bestritten, sind laut Amina als Kleinunternehmerinnen erfolgreich. Das schmerzlich empfundene Verlangen nach einem festen Einkommen, das ein zufriedenes Dasein ermöglicht, hat nach Auffassung der RAWA-Angehörigen für viele mit dem Gang in die Selbstständigkeit ein Ende gefunden. „Sie haben es geschafft, sich gesellschaftlich, sozial und wirtschaftlich zu integrieren", so die Aktivistin, die damit die von Zarmina getroffenen Aussagen relativiert. „Der Fokus unserer Bemühungen liegt nicht darauf, die Frauen in die Lage zu versetzen, viel Geld zu verdienen, sondern darauf, ihnen die Chance zu eröffnen ein neues Kapitel aufzuschlagen", betont Amina. Viele der Betroffenen, die den Weg zu RAWA finden, wünschen sich ein normales, geregeltes Leben frei von Gewalt, Unterdrückung und Sorgen. „Es ist ein unvorstellbar zermürbender und energieraubender Kraftakt, ohne finanzielle Sicherheit und die Aussicht auf eine Besserung der eigenen Situation sein Dasein zu fristen", macht die Aktivistin deutlich und erklärt: „Wer sich ständig abstrampeln muss, um sich und die Familie über Wasser zu halten, betreibt Raubbau an der eigenen Gesundheit." Armut erzeugt Stress. Ein niedriges Einkommen gepaart mit fehlenden sozialen aber auch wirtschaftlichen Aufstiegschancen setzt die Betroffenen nach Aminas Erfahrung unter einen belastenden Dauerdruck. Wo ein fortwährender Mangel an Handlungschancen und Wahlmöglichkeiten zu Hoffnungslosigkeit, Ohnmacht, Verzweiflung und Selbstwertkrisen führt, sind der Frauen- und Menschenrechtlerin zufolge seelische Leiden, die sich körperlich niederschlagen, vorprogrammiert. „Keiner, der sich unter widrigsten Bedingungen von Hungerlohn zu Hungerlohn hangelt, kann es sich leisten krank zu werden, denn das würde einen Verdienstausfall nach sich ziehen, den sich", laut Amina, „niemand leisten kann, dessen ganze Existenz aus einer nicht enden wollenden finanziellen Notlage besteht." Das Armutsrisiko fällt ihr zufolge, ebenso wie in vielen anderen Teilen der Welt, in Afghanistan für Frauen höher aus, als für Männer. Trotzdem sind auch sie von Mittel- und Perspektivlosigkeit betroffen. Vor dem Hintergrund der Geschlechtertrennung ist die Integration in den Arbeitsmarkt für sie leichter zu bewerkstelligen. Trotzdem darf der Fokus nicht allein auf der Frauenförderung liegen, ist Amina überzeugt. Gerade noch hielten die Taliban das Zepter in der Hand und schlagartig lösten sich, die traditionell und konservativ geprägten Geschlechterrollen auf. So scheint es zumindest auf den ersten Blick. Doch die Säulen des Patriarchats gerieten viel früher ins Wanken. „Über Generationen hinweg sind es Männer gewesen, die die Brötchen verdienten, das Feld bestellten, ein Handwerk ausübten, eine Ausbildung abschlossen und als Familienoberhaupt stets die Fäden in der Hand hielten", erzählt Amina. All das hat sich mit dem bis heute andauernden Krieg verändert. „Agrarflächen wurden vermint, Häuser und ganze Siedlungen dem Erdboden gleichgemacht - auch durch die Amerikaner." Die Menschenrechtlerin fährt fort und erklärt: „Dem Patriarchat sind seine materiellen Grundlagen verloren gegangen, über die sich Männer als Alleinverdiener und Ernährer definieren." Obwohl sie deutlich leichter eine Beschäftigung finden als Frauen, ist es auch für Männer schwierig, ausreichend Geld zu verdienen, wie Amina zu bedenken gibt. Gleichzeitig besuchen Mädchen Schulen, es gibt Frauen, die einen Beruf ausüben, die an den Universitäten einen höheren Bildungsgrad erwerben, Organisationen kämpfen unablässlich für die Gleichstellung der Geschlechter, die Zahl der weiblichen Volksvertreter ist gewachsen - all das sind in den Augen von Amina Faktoren, die die traditionell verankerte Dominanz und

Vorherrschaft der Männer in Frage stellt. „Und nicht selten fühlen sie sich", nach Aminas Dafürhalten, „von dieser Entwicklung bedroht, was sich nicht zuletzt in einem Anstieg der Gewalt gegenüber Frauen bemerkbar macht." Sie räumt ein, dass der Westen, der den Wiederaufbau des Landes mit einer entsprechenden Gesetzgebung zur Förderung der Frauen verband, und viele ausländische Hilfsorganisationen in diesem Bereich tätig geworden sind. Amina kritisiert aber, dass dabei versäumt worden ist, die männliche Bevölkerung nachhaltig einzubinden. Die skizzierten Faktoren haben nach ihrem Befinden bei vielen Männern zu Frustration und einer Selbstwertkrise geführt, die ihnen das Gefühl gibt, von der Entwicklung ausgeschlossen und abgehängt worden zu sein. „Etliche empfinden die Frauenförderung als unislamisch und vom Westen aufgezwungen. Immer wieder wird der Vorwurf laut, dass sich nur zu Gunsten der Frauen etwas bewegt", berichtet Amina. „Ob sie nun arbeitslos sind oder nicht, schlecht oder gut ausgebildet, spielt dabei keine Rolle. Fakt ist, dass der öffentliche Raum keine Sphäre mehr darstellt, die allein den Männern vorbehalten ist und dass mehr Frauen als früher die eigenen vier Wände verlassen wollen." Eine Entwicklung, die nach dem Befinden der Menschenrechtlerin Unbehagen hervorruft. Und zwar auf beiden Seiten. Die Männer haben Angst ihren Status einzubüßen, während die Frauen, nachdem was Farkhunda zugestoßen ist, Männern gegenüber Angst empfinden. Viele Probleme, die sich im Bereich der Geschlechterdebatte auftun, finden ihre Ursache in der Tradition, wie Amina weiter ausführt. Aus ihrer Sicht braucht es dringend eine wirtschaftliche Entwicklung, die bis in die ländlichen Regionen des Landes reicht und spezielle Ausbildungsprogramme für diejenigen, die es besonders schwer haben, sich in den Arbeitsmarkt zu integrieren. „Und parallel dazu lassen sich die Rollen von Männern und Frauen neu definieren", so Amina. „Doch müssen für diejenigen Perspektiven geschaffen werden, die Angst haben, vollends ihren sozialen und wirtschaftlichen Status zu verlieren oder die befürchten, in ihrer ohnehin prekären Lage im Zuge der Frauenförderung noch weiter abgehängt zu werden." Es besteht kein Zweifel daran, dass Amina an eine bessere Zukunft ihres Landes glaubt. Sie ist eine starke Frau, eine Kämpferin, wie sie selbst sagt. Sie ist sich bewusst, dass der Weg zu Freiheit, Gleichheit und Frieden für alle Afghanen ein langer ist. Doch ebensowenig wie für viele andere ihrer Geschlechtsgenossinnen, kommt Aufgeben für sie nicht in Frage. „Wir müssen am Ball bleiben. Wir dürfen nicht wieder in Verhältnisse zurückfallen, wie unter den Taliban", insistiert Amina. Die junge Frau hat Hoffnung, denn nach dem grausamen Mord an Farkhunda ging ein lauter Aufschrei durch das Land am Hindukusch. „Er hat ganz sicher nicht alle erreicht, aber er zeigt doch, dass viele Afghanen nicht mehr in Leid und Gewalt leben wollen", schildert sie ihren Eindruck und stellt fest: „Farkhundas Tod war nicht umsonst." Während wir uns von unserer Gastgeberin verabschieden und langsam über den steinigen Boden im Hof zum Tor laufen, durch das wir hinter der Mauer, die das Haus umzieht, auf die an einen Feldweg erinnernde Straße treten, muss ich an Farkhundas Begräbnis denken. Bilder, die auch Amina nicht mehr aus dem Kopf gehen. Während wir zum Wagen laufen erinnern wir uns daran, wie ihr Sarg von starken, unerschrockenen Frauen zur letzten Ruhestätte der Studentin getragen wurde. Männer fassten sich an den Händen, umringten schützend die Trägerinnen des Totenschreins, um ihnen den Weg, vorbei an Tausenden von Menschen, frei zu halten. Es war das erste Mal in der ganzen Geschichte des Landes, dass der Sarg einer Frau zur Begräbnisstätte getragen wurde. Eine Tradition, die sonst nur Männern zuteilwird. Farkhunda, die viel zu früh und auf so schockierende Weise urplötzlich mitten aus dem Leben gerissen wurde, hat sich tief in das Bewusstsein der afghanischen Bevölkerung eingebrannt. Die letzten Minuten, die die Studentin im Herzen der Landeshauptstadt qualvoll unter den Füßen ihrer Mörder durchleiden musste, wird niemand vergessen. „Ich kann ihren

Tod nicht ungeschehen machen, so sehr ich das auch möchte", sagt Amina mit gebrochener Stimme. „Ihr Tod ist für mich eine persönliche Aufforderung, mich zu engagieren und dafür einzusetzen, dass sowas hoffentlich nie wieder passiert." Farkhundas Fall hat die Menschenrechtlerin tief getroffen. Trotzdem lässt sie sich nicht entmutigen. Im Gegenteil, der Mord bestätigt und bestärkt sie darin weiterzumachen und dazu beizutragen, Afghanistan zu einem Ort zu machen, der Frauen wie Männern Frieden, Freiheit und Chancengleichheit bietet. Mit diesem letzten Satz ist unser Gespräch beendet. Denn als wir beim Auto ankommen, stellen wir fest, dass sich das Problem mit dem Stein, auf den wir aufgefahren waren, erledigt hat. Irgendwie war es dem Fahrer und dem hilfsbereiten Anwohner gelungen, den Wagen trotz aller Unebenheiten im Boden anzuheben, den schroffen Brocken auszubuddeln und unter dem Fahrzeug vorzuziehen. Zu größeren Schäden hat der Zwischenfall wohl nicht geführt. Zumindest gibt es laut Fahrer keinen Anlass zu Bedenken. Was würde es auch bringen, sich Sorgen zu machen. Einen Not- oder Abschleppdienst, der bei Pannen schnell vorbeikommt, gibt es nicht. Wenn die Kiste auch noch so klappert, aber trotzdem fährt, ist zumindest vorerst alles in Ordnung, wie mir Ali schon des Öfteren versichert hat. Mit dieser Einstellung kamen wir beide bislang immer ans Ziel. Selbst als meine Kamera den Geist aufgab, bugsierte er mich mit seinem gesamten Repertoire an Überredungskunst in irgendeinen Hinterhof, wo irgendjemand zwischen einer großen Ansammlung von Kabeln, Platinen, Drähten und bei spärlichem Licht meine Spiegelreflex unter die Lupe nahm. Zwischenzeitlich schaute ich mir die Werkstatt, die mehr mit einem Abstellraum gemein hatte, genauer an. Ich musste schon zweimal hinschauen, um meinen Augen zu trauen. Zwischen all den Elektronikteilen, die sich zu Bergen auftürmten, hatte ich tatsächlich ein fotografisches Gewehr entdeckt. Eine Erfindung, die 1883 der französische Physiologe Étienne-Jules machte. Das Gerät war ein Vorläufer der ersten Kinematographen, mit denen sich viele Bewegungsvorgänge in Einzelbildern festhalten und wiedergeben ließen. Während ich noch das fotografische Gewehr bestaunte, rief mir Ali freudestrahlend zu, dass die Kamera in vierundzwanzig Stunden wieder einsatzbereit sei und das zu einem unschlagbar fairen Preis. Mit durchwachsenem Respekt blickte ich erst Ali und dann den Werkstattbetreiber an. Dass er keine entsprechende Ausbildung absolviert hatte, stimmte mich keineswegs zuversichtlicher. Aus meiner Sicht hatte ich allen Grund zur Skepsis. Immerhin lagen zwischen meiner Digitalspiegelreflexkamera und dem antiken Stück simpler Technik über hundertdreißig Jahre. Aber für Ali stand eines unumstößlich fest: „Wenn einer deine Kamera reparieren kann, dann ein Afghane. Wir haben gelernt zu improvisieren und können deshalb alles, was kaputt ist, wieder in Gang bringen." Der Erfolg gab ihm Recht. Mit technischem Verständnis und praktischen Know-how, war es dem Mann aus dem unscheinbaren Hinterhofbetrieb gelungen den Defekt zu beheben. Seither habe ich es mir zur Gewohnheit gemacht, auf die technische Expertise eines Afghanen zu vertrauen, und wenn mir der Fahrer deshalb versichert, dass ich mir wegen Schäden am Wagen keine Gedanken machen muss, dann tue ich das auch nicht, und kommt es dennoch anders als gedacht, dann wird eben improvisiert. Als mich die beiden RAWA-Vertreter beim Hotel absetzen, marschiert Ali bereits ungeduldig vor dem Eingang auf und ab. Wir haben uns um knapp eine Stunde verspätet. Ihn beschlich wohl schon die Sorge, dass ich nicht mehr auftauche. Kaum ist das Auto meiner beiden Begleiter hinter der nächsten Kurve verschwunden, macht er mir ein Geständnis. Kurz bevor ich in Aminas Wagen stieg, musste sie wie bereits erwähnt ein Dokument unterschreiben, in dem sie für meine Sicherheit garantierte und dafür, dass sie mich am selben Tag, binnen weniger Stunden wieder bei Ali abliefert. Ein Datum stand auf dem Zettel – es war der 23. November. Nur im welchem Jahr mich Amina und der Fahrer wieder unversehrt zurückbringen sollten, das hatte mein sonst so penibler Freund äußerst kulant offen gelassen. Während Ali damit hadert, dass ihm in der Eile ein gravierender Flüchtigkeitsfehler unterlaufen ist, stelle ich fest, dass ich jederzeit gerne seine technischen Ratschläge beherzige, allerdings würde ich ihn im Falle einer Geiselnahme höchstwahrscheinlich nie die Bedingungen meiner Freilassung aushandeln lassen. „Ich weiß nicht, was du hast, aber eure Verspätung lag absolut im Toleranzbereich“, stellt er zu seiner Ehrenrettung pfiffig fest. „Wohlgemerkt im undefinierten Toleranzbereich“, kontere ich schmunzelnd. Dabei lassen wir es bewenden, denn Ali brennt darauf zu erfahren, was Amina und die Prostituierten zu erzählen hatten. Wir saßen bis weit in die Nacht hinein im Hotelgarten und diskutieren. Die tragischen Geschichten der beiden Prostituierten erinnerten mich an eine Frau, der ich beim Kabuler Olympiastadion über den Weg lief. Wir wechselten kein einziges Wort. Trotzdem geht mir diese stumme Begegnung, die tiefer blicken ließ, als jede Unterhaltung, bis heute nicht aus dem Kopf.

Die Frau im Rückkehrerlager

Damals besuchte ich zusammen mit Ashraf und Shamsudin, die ich auf einer meiner frühen Reisen an den Hindukusch kennengelernt hatte, ein Rückkehrerlager. Ihren richtigen Namen wollen die beiden Männer, zu ihrem eigenen Schutz, nicht nennen. Denn die beiden haben jahrelang für die deutschen Streitkräfte als Übersetzer gearbeitet. Seit die Bundeswehr abgezogen ist, bangen Ashraf und Shamsudin um ihr Leben. Ein ehemaliger Kollege wurde von den Taliban bedroht und ein anderer von ihnen ermordet, weil sie die ausländischen Besatzer mit ihrer Arbeit unterstützten. Um nicht Gefahr zu laufen erkannt, bedroht oder das Opfer gezielter Anschläge zu werden, wollen die beiden lieber anonym bleiben. 1997 hatten die Taliban Ashrafs Onkel entführt. Der hat mit den Koranschülern nie sympathisiert. Im Gegenteil, bisweilen legte er sich sogar mit ihnen an. Ihre Auslegung des Koran hinterfragte er ebenso kritisch, wie die Gründe für die drakonischen Strafen, die sie verhängten. Die rigide Islamisierung der afghanischen Gesellschaft war ihm zuwider. Immer wieder hat er sich deshalb ihren Anordnungen widersetzt. Das brachte ihm natürlich jede Menge Ärger ein, wie sich Ashraf erinnert. „Irgendwann entführten sie ihn. Es ist ein Wunder, dass sie ihn nicht umbrachten", meint er rückblickend und erzählt: „Meine Familie nahm damals Kontakt zu den Entführern auf, und es gelang uns, ihn gegen ein Lösegeld frei zu bekommen." Die Entführung hat bei Ashraf einen nachhaltigen Eindruck hinterlassen, er ist vorsichtig geworden. Das kann ich verstehen. Auch ich will, wenn ich später wieder im Flieger nach Deutschland sitze, keine verbrannte Erde hinterlassen, indem ich Ashrafs oder Shamsudins richtigen Namen preisgebe und sie so, samt ihrer Familien, einem lebensbedrohlichen Risiko aussetze. Als wir 2005 das Rückkehrerlager beim Kabuler Olympiastadion besuchten, begleitete uns ein deutscher Kollege. Shamsudin hatte ihm erzählt, dass wir dort hofften auf Afghanen zu stoßen, die nach dem Sturz der Taliban aus dem Exil in ihre Heimat zurückgekehrt sind. Während der sowjetischen Besatzungszeit, im Verlauf des Bürgerkrieges und unter der Talibanherrschaft sind Millionen von Afghanen ins Ausland geflüchtet, so zum Beispiel nach Europa oder Amerika, aber auch in die afghanischen Anrainerstaaten, darunter Pakistan und der Iran. Nachdem die Koranschüler entmachtet worden waren, kehrten viele zurück nach Afghanistan, um in ihrem Geburtsland ein neues Leben zu beginnen. Bei ihrer Flucht ließen sie einen Großteil ihres Hab und Guts zurück. Sie gaben ihre Häuser und ihr Ackerland auf. Ihr Eigentum an Grund und Boden eigneten sich in den Jahren ihrer Abwesenheit jene an, die trotz des Krieges im Land blieben. Viele der ehemaligen Flüchtlinge standen bei ihrer Rückkehr vor dem Nichts. Ihre Häuser, soweit sie von den Kampfhandlungen verschont blieben, bewohnten nun andere, und die Felder, die sie vor ihrer Flucht bewirtschaftet hatten, waren nicht mehr ihr Eigentum. Bei der Flucht wurden zwar manchmal ärmere Familienangehörige zur Sicherung von Ackerland und Unterkünften zurückgelassen, doch das war keine Garantie dafür, dass das was sie zurückgelassen hatten tatsächlich ihr Eigentum blieb. Manche der Verwandten, die im Land blieben, wurden vertrieben, getötet oder das Opfer von Landraub, und wieder andere von ihnen verkauften den Grundbesitz, um ihre eigene Flucht aus dem vom Krieg zerrütteten Land zu finanzieren. Für die Rückkehrer war und ist es nahezu unmöglich, wieder in den Besitz ihres einstigen Grund und Bodens zu kommen. Denn entweder gibt es keine Grundbücher, oder sie wurden teilweise zerstört oder unbrauchbar gemacht. Natürlich lässt sich das Recht an ihrem ursprünglichen Eigentum einklagen, doch die Gerichte liegen weit entfernt, die Beweisführung ist schwierig und die Richter werden schlecht bezahlt, so dass Korruption weit verbreitet ist, wie Ashraf damals erzählte. Zahlreiche Rückkehrer, mit denen ich im Verlauf mehrerer Reisen sprach, wendeten sich deshalb an die Shuras, doch deren Urteile folgen keinen Rechtsprinzipien, sondern werden eher willkürlich gefällt. Deshalb akzeptieren die Betroffenen auch deren Beschlüsse nicht immer, so dass die Streitigkeiten um Grund und Boden in der Vergangenheit auch schon zu bewaffneten Auseinandersetzungen führten, wie Ashraf weiter ausführt. Agrarflächen und Unterkünfte sind in Afghanistan hart umkämpft, immerhin bilden sie die Existenzgrundlage eines Großteils der Bevölkerung. Hinzu kommt, dass der seit Jahrzehnten während Krieg die Familienstrukturen zerstörte und viele, die in der Vergangenheit aus dem Exil zurückkehrten, hier keine Anknüpfungspunkte mehr fanden, weil die Großfamilie nicht mehr existierte oder wirtschaftlich so angeschlagen war, dass sie es sich nicht leisten konnte, Mitglieder wieder aufzunehmen, die praktisch nicht mehr mitbrachten, als die Kleidung, die sie am Leib trugen. In Anbetracht dieser Gesamtsituation hatten sich die Städte, allen voran Kabul, zu Auffangbecken für die Betroffenen entwickelt, die dort mit der übrigen Bevölkerung im Wettbewerb um die wenigen Arbeitsplätze standen, wie mir Ashraf beim Besuch des Rückkehrerlagers erzählte. Bis heute treiben Terror, Zerstörung, Leid und Armut zahlreiche Bewohner in der Hoffnung auf ein besseres Leben in die Ballungsräume des Landes. Binnenflüchtlinge, die dort vergeblich versuchen sich eine Existenz aufzubauen, brechen in ihrer Not in die Nachbarstaaten auf oder suchen laut Ashraf den Weg nach Europa, wenn sie über genügend finanzielle Mittel verfügen, um die beschwerliche und kostenintensive Reise auf sich zu nehmen. Etwas anderes blieb auch vielen Rückkehrern, die ich 2005 traf, nicht übrig. Enttäuscht von dem erfolglosen Bestreben sich in Afghanistan eine glückliche Existenz aufzubauen, gingen etliche wieder in die Länder zurück, in denen sie in der Vergangenheit Zuflucht gefunden hatten oder zogen weiter in andere Anrainerstaaten. Wer in Afghanistan blieb, harrte im Vertrauen auf einen nachhaltigen wirtschaftlichen Aufschwung aus, auch wenn das bedeutete, unter widrigsten Bedingungen in einem Zelt zu leben. Nur wenige Schritte vom Kabuler Olympiastadion entfernt reihte sich eine Behelfsunterkunft an die andere. Notdürftig hatten die Leute Lehmwände hochgezogen. Als Dach dienten mehrere Planen, die behelfsmäßig über die provisorische Konstruktion geworfen und mit Seilen festgezurrt wurden, damit sie beim nächstbesten Windstoß nicht davonflogen. Manche Lagerbewohner hausten in einer Art Bretterverschlag. Bei einer Baracke diente ein altes Autowrack, das quer auf die Seite gelegt und aufgestellt worden war, als Rückwand. Vor den Behelfsunterkünften standen angebunden Esel, Kühe und Pferde herum. Auf den Wegen, die durch das Lager führten, lag Müll, und zwischen den einzelnen Unterkünften hatten die Menschen Seile gespannt, auf denen sie die Wäsche zum Trocknen aufhängten. Es gab weder Strom noch eine Heizung. Ihr Trinkwasser holten sich die Lagerbewohner von Wasserhähnen am Straßenrand oder an einem Brunnen. Im Nu umringten mich damals schätzungsweise dreißig Kinder, die an meiner Jacke zogen, ihre Hände hochhielten und um ein Almosen bettelten. Ihre Hosen, Pullover und T-Shirts waren schmutzig. Manche trugen nicht einmal Schuhe an den Füßen. Dafür fehlte ihren Eltern schlichtweg das Geld. Andere waren erkältet und putzten sich die Nase am Ärmel ab. Mehr und mehr Neugierige kamen aus ihren Zelten. Binnen kürzester Zeit folgte Ashraf, Shamsudin, dem Redakteur und mir ein ganzer Pulk Schaulustiger quer durchs Lager. Es dauerte nicht lange, bis uns einer der Männer in sein Zelt winkte. In diesem Moment entschloss sich der Redakteur, das Lager allein zu erkunden. Ashraf blieb bei ihm, während Shamsudin und ich auf unseren Gastgeber zusteuerten. Aufgeschreckt von unserem unerwarteten Besuch, flatterten die Hennen, die im Abfall nach Futter suchten, aufgeregt durcheinander. Vorsichtig setzten wir einen Fuß vor den anderen, um nicht aus Versehen auf eines der wild gackernden Tiere zu treten. Eine Frau, die über einem Loch im Boden, das als Feuerstelle diente, Reis kochte, sah uns im Vorbeigehen stumm an. Nachdem sie einige Holzscheite in die Glut unter dem Kessel gelegt hatte, zog sie sich wieder in die spärliche Behausung zurück, in die uns ihr Mann eingeladen hatte. Nasrollah, so hieß er, warf die Plane, die über dem Eingang seines Notquartiers hing, zur Seite und bat uns herein. Um nicht auf dem kalten Boden sitzen und schlafen zu müssen, waren ein großer Teppich und Decken ausgebreitet worden. Von der Holzkonstruktion, die die Plane abstützte, baumelte eine aus Stoffbändern und einer Art Kissen angefertigte Babyschaukel, in der - in ein Tuch eingewickelt - ein Säugling lag. Während Nasrin, so der Name der Frau, das Gemüse in einer Schüssel mit Wasser wusch und anschließend mit einem Messer in kleine Stücke schnippelte, stieß sie die Schaukel gelegentlich sanft an. Als ich Nasrin anlächelte, zog sie sich das blaue Tuch, das ihre Schultern und ihren Kopf bedeckte, tief ins Gesicht. Kein Zweifel, sie wies mich ab und gab mir klar zu verstehen, dass sie sich nicht mit mir unterhalten wollte. Im Gegensatz zu ihren drei Söhnen im Alter von sechs bis elf Jahren, die sich in einem Abstand von etwa einem Meter vor mich hinsetzten und keinen Blick von mir ließen, schnitt Nasrin das Gemüse klein als wäre außer ihr niemand im Zelt. Doch so schnell wollte ich nicht aufgeben und fragte, wie sie und ihre Familie in das Rückkehrerlager gekommen waren. Aber Nasrin setzte unbeirrt ihre Hausarbeit fort - selbst als ihr Mann sie aufforderte, mir zu antworten. Spätestens jetzt war mehr als klar, dass sie ganz bestimmt kein Gespräch mit mir führen würde und dass sie sich in meiner Gegenwart alles andere als wohl fühlte. Ganz spürbar lag eine Spannung in der Luft, die ich durch meine Anwesenheit verursacht hatte und die mir das Gefühl gab, ein Eindringling zu sein, der die Privatsphäre, soweit sie angesichts der Wohn- und Lebenssituation in dem Lager überhaupt existent war, verletzt hatte. Die drei Jungs hingegen fanden die ganze Situation scheinbar ziemlich amüsant. Abwechselnd grinsten sie ihre Mutter und mich breit an. Nasrollah redete unablässlich auf Nasrin ein, um sie doch noch dazu zu bewegen, sich mit mir zu unterhalten.

Doch die Frau regte sich nicht im Geringsten und setzte ihre Arbeit fast schon stoisch fort. Offenkundig stand sie unter großem innerlichem Druck. Sie wollte wohl einfach nur ihre Ruhe haben. Die ganze Situation war bizarr. Shamsudin signalisierte mir, dass die Frau keine Unterhaltung mit mir führen würde. „Vor dir fordert er sie jetzt zwar zum Reden auf, aber insgeheim erwartet er von ihr, dass sie still sitzen bleibt und kein Wort von sich gibt“, erklärte mir mein Freund. „Er hat dich eingeladen, sein Gast zu sein und will deshalb nicht unhöflich erscheinen. Gleichzeitig erwartet er aber von seiner Frau, dass sie nicht mit Fremden spricht, schon gar nicht mit Männern, die nicht zur Familie gehören.“ Aus Respekt vor Nasrin bedankte ich mich bei Nasrollah, doch der wollte mich nicht gehen lassen. Stattdessen schenkte er mir Tee ein und bat mich eindringlich zu bleiben. In diesem Moment platzte der Redakteur mit gezückter Kamera herein, deren Blitzlicht das Zelt taghell erleuchtete. Im nächsten Augenblick sah ich nur noch wie Nasrin ihr Messer und das Gemüse fallen ließ, in eine entfernte Ecke des Zeltes hastete, wo sie sich mit dem Rücken zu uns auf den Boden warf und ihren Kopf zwischen Arme und Beine drückte, damit niemand ihr Gesicht zu sehen bekam. Nasrins Söhne, die sich keinen Zentimeter bewegten, brachen in schallendes Gelächter aus, während sich ihr Mann ein Schmunzeln nicht verkneifen konnte. Nasrin, die sich ängstlich in der Ecke zusammenkauerte wie ein kleines Kind, tat mir unbeschreiblich leid. Das war der Zeitpunkt, an dem es mir eindeutig zu bunt wurde und den drei Knaben ihr Lachen verging. Ich stand auf und schob den Redakteur aus dem Zelt. Draußen sah ich schon Ashraf und die Männer auf uns zulaufen, die versprochen hatten, ihn durchs Lager zu führen. Offensichtlich war er seinen Begleitern abhanden gekommen. Ich machte ihm klar, dass er ohne die Einwilligung des Ehemannes nicht einfach dessen Unterkunft betreten könnte. Gerade für einen Mann sei ein solches Verhalten respektlos und unhöflich, schließlich dringe er in die

Intimsphäre, den ganz privaten Lebensbereich der Familie ein, in dem nicht nur Männer lebten, sondern auch eine Frau. Mit Blick auf die geltende Geschlechtertrennung und die mit ihr einhergehenden Verhaltensnormen sei deshalb mehr Sensibilität geboten. Nasrollah und die anderen Männer begannen wild zu diskutieren. Gleichzeitig versuchten Shamsudin und Ashraf, den Redakteur zu einem weiteren Rundgang zu überreden. Ein Vorschlag, den die beiden auch den Männern unterbreiteten, die ihn wohlwollend annahmen. Als sie langsam begannen, sich vom Zelt zu entfernen, beriet ich mich kurz mit Shamsudin, ob es nicht besser wäre, den Besuch bei Nasrollah abzubrechen. Doch der bat mich erneut, mit ihm den Tee zu trinken, den er gerade aufgesetzt hatte. Die Einladung auszuschlagen, wäre unhöflich gewesen, also nahmen wir wieder unter dem Zeltdach auf dem harten Untergrund Platz. Als der Rückkehrer uns eine weitere Tasse Tee eingeschenkt und sich gesetzt hatte, entschuldigte ich mich für den Zwischenfall, der seiner Frau zweifelsohne einen gehörigen Schrecken eingejagt hatte. Er akzeptierte meine Entschuldigung und versicherte mir, dass mich aus seiner Sicht keine Schuld treffe. Mein Blick wanderte über die Teegläser und eine Schüssel voller Nüsse und Rosinen zu Nasrin, die noch immer in der Ecke kauerte und keinen Mucks von sich gab. Ihre drei Söhne hingegen setzten sich in gut zwei Meter Entfernung neben ihren Vater, der mir erzählte, dass er während der Talibanherrschaft mit seiner Familie nach Pakistan geflohen sei. Als er aber hörte, dass Afghanistan nach dem Sturz der Taliban mit Hilfe der internationalen Gemeinschaft wieder aufgebaut und Frieden geschaffen werden sollte, fasste er den Entschluss, in seine Heimat zurückzukehren. Nasrollah war verärgert. „Freiwillig haben meine Familie und ich die ganzen Strapazen auf uns genommen, um nochmal von vorne anzufangen“, erzählte er. „Meine Landsleute und die westlichen Ausländer, mit denen ich sprach, sagten, dass es aufwärts geht, dass es politische und wirtschaftliche Veränderungen gibt und mit Hamid Karzai als Präsidenten eine neue Ära eingeleitet wird.“ Und nun sei er in Kabul gestrandet, wo er keine Arbeit finde und sich vor kurzem Geld leihen musste, um Medikamente und Nahrung zu bezahlen. „Wir sind ständig unterwegs, ziehen von Ort zu Ort, aber überall ist es dasselbe", klagte er. „Wir fliehen vor Krieg, Armut und Obdachlosigkeit. Nirgends können wir bleiben, uns sicher fühlen, ein Haus bauen und sorgenfrei leben." Nasrollah hatte andere Vorstellungen, als der Gedanke in ihm aufkeimte, dass die Zeit reif sei, die Zelte im Nachbarland abzubrechen und sich nach Afghanistan aufzumachen. In Pakistan hatte er nichts, das er verlieren konnte. „Aus meiner Sicht konnte ich nur gewinnen, wenn ich wieder nach Afghanistan gehe", erklärte er. „Wir lebten im Lager Katcha Ghari am Stadtrand von Peschawar in einer heruntergekommenen Hütte. Ich arbeitete einige Zeit in einer Ziegelei, dann bei einem Händler, der Lebensmittel verkaufte, dann als Tagelöhner - aber nichts von alledem brachte genug Geld ein." Letzten Endes habe er froh sein können, in Pakistan überhaupt eine Beschäftigung zu finden. Mit seiner Rückkehr sei er vom Regen in die Traufe gekommen. Er versicherte zwar, dass er in Kabul einen Job finden wolle, um sich eine Wohnung leisten zu können. Doch gleichzeitig hatte er schon einen Plan B im Hinterkopf. „Wenn alle Stricke reißen, gehen wir eben wieder ins Ausland. Vielleicht in den Iran", offenbarte er. „Besser wird es dort für uns zwar nicht werden, aber höchstwahrscheinlich sind die Chancen, dort einen Arbeitsplatz zu finden, größer." Und der sei schließlich die Basis für ein besseres Leben. Pakistan stellte für ihn keine Option mehr dar. Auch dort herrschte Krieg. Islamisten verübten Anschläge. Eine Rückkehr nach Pakistan biete deshalb keine Perspektive. Er räumte ein, dass es mancher unter seinen Landsleuten in dem Land durchaus zu etwas gebracht habe. Ihm sei das allerdings nicht gelungen. „Es gibt Afghanen, die in Pakistan einen eigenen Gemüseladen betreiben, einen festen Arbeitsplatz bei einem Unternehmen haben oder als Lehrer arbeiten", berichtete er. „Wahrscheinlich liegt es an der besseren Ausbildung. Ich konnte nie so viel Geld ansparen, dass ich in der Lage gewesen wäre mich selbstständig zu machen." Das war mein Stichwort, um mehr über das Leben von Frauen zu erfahren. Und so stellte ich Nasrollah die Frage, ob es nicht eine Erleichterung wäre, wenn auch Nasrin arbeiten gehen würde. Zuerst schaute er mich einige Augenblicke erstaunt an, dann schüttelte er heftig den Kopf. „Das geht nicht. Sie muss sich um die Kinder und den Haushalt kümmern. Das ist ihre Aufgabe", gab mir der Paschtune zur Antwort. „Meine ist es, die Familie zu ernähren." Mit dieser Beschreibung der Pflichtenaufteilung zwischen den Geschlechtern war für Nasrollah meine Frage vom Tisch. Er schenkte weiteren Tee in die zwischenzeitlich leeren Gläser und lud mich ein, zum Essen zu bleiben. Das wiederum war das Stichwort, Nasrin anzutreiben, sich wieder dem Gemüse zuzuwenden und ein Gericht für ihn, die Kinder und seine Gäste zu kochen. Noch immer wandte sie uns den Rücken zu und kauerte unter dem großen dunklen Tuch, das sie wie einen Schutzumhang zur Verteidigung über ihren Köper gelegt hatte, in der Ecke, in die sie sich zurückgezogen hatte. Erst als Nasrollah einen bestimmteren Ton anschlug, richtete sie sich wieder auf und fing an, erneut Karotten, Kartoffeln, Zwiebeln und anderes Grünzeug in kleine Stücke zu schnippeln. Unterdessen knüpfte ich an meine Ausgangsfrage an. Schließlich wurde Nasrollah nicht müde, immer wieder auf seine prekäre Finanzlage hinzuweisen und auf seine damit einhergehenden Probleme, die Familie über Wasser zu halten. Angesichts dessen argumentierte ich, dass ein zusätzliches Einkommen sicherlich nicht schlecht wäre, um die Situation seiner Familie zu verbessern. „Das ist unmöglich", entgegnete er. Seine Aufgabe sei es, seine Frau zu schützen, zu verteidigen, um sie keinen Gefahren auszusetzen. „Sie kann nicht einfach zur Arbeit gehen und dort mit anderen Männern zusammenarbeiten. Das schickt sich nicht für eine Frau", erklärte der Rückkehrer. „Sowas gibt nur Gerede und wirft ein schlechtes Licht auf meine Frau, meine Familie und mich." Für

jemanden wie mich, die in Deutschland aufgewachsen ist, wo
Frauen und Männer gemeinsam Tag für Tag zur Arbeit gehen,
waren derartige Aussagen mehr als befremdlich. Bei solchen Ge-
sprächen wurde mir stets aufs Neue bewusst, dass für mich als
Ausländerin eben andere Regeln galten als für meine afghanischen Geschlechtsgenossinnen. Ich konnte unbefangen die Häuser betreten, mich mit Männern treffen, um sie zu interviewen,
mir ein Taxi leisten, mit dem ich von A nach B kam, in Teehäu-
ser oder ins Restaurant zum Essen gehen - für mich eine Selbst-
verständlichkeit, für Afghaninnen nicht. Einen Eindruck davon,
wie schwierig der Alltag für Frauen auf Kabuler Straßen sein
kann, bekam ich, als Shamsudin und ich sein Auto in einer Sei-
tenstraße abstellten und zum nahegelegenen Postamt gingen.
Stoßstange an Stoßstange rollten die Fahrzeuge in der Millionen-
stadt eine der Hauptverkehrsadern entlang. Mit schnellen Schritten eilten Passanten an uns vorbei, während wir uns einen Weg
kreuz und quer durch die Pkw-Kolonne bahnten. Auf der anderen
Straßenseite angekommen, bat mich Shamsudin, vor dem Postamt zu warten. Als er mit seinem Brief in der Türe verschwand,
rief ich auf meinem Smartphone E-Mails ab. Vermutlich war ich
nicht länger als eine Minute von dem abgelenkt, was um mich
herum geschah. Eine Szene, wie sie sich tagtäglich an x-
beliebigen Orten in Deutschland abspielt. Aber als ich das Mobiltelefon wieder in meine Jackentasche steckte und mich umdrehte,
bemerkte ich einen Mann, der mir ziemlich dicht auf die Pelle
gerückt war und mich anstarrte. Irritiert sah ich ihn an. Im ersten
Moment dachte ich noch, dass er mich etwas fragen wollte. Doch
dann registrierte ich, dass sich in einem Abstand von etwa zehn
Metern ungefähr fünfzehn Männer um mich herum versammelt
hatten und keinen Blick von mir ließen. Ich kam mir vor wie eine
zur Schau gestellte Kuriosität. „Was ist denn jetzt los?“, war der
einzige Gedanke, der mir in diesem Augenblick in den Kopf
schoss. Mein Blick wanderte über die Männergesichter. Keiner

der mir völlig unbekannten Männer wandte seine Augen ab. Ihre Blicke klebten im wahrsten Sinne des Wortes an mir. Wenige Tage zuvor hatte mir eine Kollegin erzählt, dass sie beim Schlendern über den Bazar genau dieselbe Erfahrung gemacht hatte. Sie sagte, dass sie sich vorgekommen sei wie bei einer Fleischbeschau und den Markt schleunigst verlassen habe, weil sie die fortwährenden Blicke nicht ertragen konnte. Sie sei sich wie ein Objekt vorgekommen, und einige der Gaffer wären ihr sogar gefolgt. Jetzt wusste ich, wie sie sich gefühlt haben musste. Doch davonzulaufen war und ist nun mal nicht meine Art. Und in diesem Fall hätte es mir auch nicht sonderlich viel gebracht. Denn ohne Shamsudin wäre ich nicht weit gekommen, zumal er die Autoschlüssel hatte und ich an der nächsten Ecke wahrscheinlich die gleiche Situation wieder erlebt hätte. Mehr als die „Flucht" nach vorn blieb mir also nicht. Kurzerhand zog ich meine Kamera aus der Tasche und sprach einen meiner „Bewunderer", der eben noch Brot verkauft hatte, an. Zunächst reagierte er nicht. Er verzog nicht einmal im Geringsten eine Miene. Doch ich ließ nicht locker, und schließlich stand er mir hinter seinem Holzkarren, auf dem sich Unmengen von Broten türmten, Modell. Die restliche Versammlung löste sich deshalb aber nicht auf. Sie folgte mir und umringte mich samt Verkaufsstand. Neugierig lauschten sie den Anweisungen, die ich dem Verkäufer gab, um ein gutes Bild zu bekommen. Doch das war in dem Gedränge schier unmöglich, weil am Ende jeder auf das Foto wollte. Nach einer gefühlten Ewigkeit kam Shamsudin aus dem Postamt. Als er den Männerauflauf entdeckte, wusste er sofort, wo ich steckte. Er rief nur meinen Namen, und im Nu löste sich die Gruppe auf. „Dich kann man keine fünf Minuten alleine lassen", scherzte er. „Warum tust du es dann?", konterte ich. Wir mussten beide lachen. „Hattest du Angst", fragte er. „Es war verstörend, irritierend und erniedrigend, von so vielen Männern angestarrt zu werden", erklärte ich. „Ich empfand dieses Verhalten als aufdringlich, anstößig." Shamsudin konnte meine Empfindungen nachvollziehen. „Letzten Endes sind sie verschwunden, weil ich, dein männlicher Begleiter und Beschützer, aufgetaucht bin", machte er mir klar. Von der sexuellen Selbstbestimmung der Frauen im Westen hätten sie zwar gehört, aber was das konkret bedeutet wüssten sie nicht. „Bei uns gilt Keuschheit, der Erhalt der Jungfräulichkeit bis zur Ehe, als gesellschaftliche Norm und nicht die sexuelle Freiheit", erläuterte Shamsudin. „Unsere Frauen sind zurückhaltend, unnahbar. Und das Bild, das sie von westlichen Frauen haben, ist geprägt von Filmen, Musikvideos und Fotografien aus irgendwelchen Magazinen." Das sei ein enormer Kontrast. Schließlich sei keiner der fünfzehn Männer je in Deutschland, Frankreich, Amerika oder einem anderen westlichen Land gewesen. „Und das, was sie in irgendwelchen Kinostreifen, Musikvideos oder auf Postern sehen, ist für unsere Normen- und Wertvorstellungen eben immens anzüglich", machte mir Shamsudin begreiflich. „Ich traue mich fast nicht, es auszusprechen, aber in unserem Kulturkreis ist das pornografisch. Für dich und andere aus dem Westen ist es das nicht. Für euch ist das Normalität, Alltag. Ihr seid daran gewöhnt." Aber trotzdem gibt es bei uns Verhaltens- und Anstandsregeln, die klar Grenzen aufzeigen und die sexuelle Integrität schützen, betonte ich. Shamsudin versicherte mir, dass ihm das bewusst sei. Er habe doch in Chemnitz studiert und wisse daher, dass Frauen und Männer in unserer Gesellschaft gleichberechtigt sind und Sexismus geächtet werde. Doch davon hätten diese Männer keine Ahnung. „Die ordnen die medial vermittelten Bilder westlicher Frauen entsprechend ihres kulturell geprägten Erfahrungshorizontes ein und das führt", laut Shamsudin, „zu Stereotypen und Klischees, die ihre Vorstellungen von der westlichen Frau prägen." Dass die Realität in den Industrienationen anders aussehe, sei ihnen nicht bewusst. Wie recht mein afghanischer Freund mit dieser Aussage hatte, wurde mir einmal mehr in Nasrollahs Zelt vor Augen geführt. „Deshalb habt ihr im Westen auch Probleme mit Aids", sagte er voller Überzeugung. „Bei uns gibt es diese Krankheit nicht." Erst wenige Tage zuvor hatte ich mich mit der Mitarbeiterin einer Hilfsorganisation getroffen, die mir bestätigte, dass es sehr wohl Menschen mit Aids in Afghanistan gebe. „Das glaube ich nicht. Die Krankheit kann es bei uns nicht geben, weil unsere Frauen keusch sind und ihre Sexualität nicht so ausleben wie ihr im Westen", entgegnete er mir. Ein im Jahr 2014 vom National Aids Control Programm für Afghanistan veröffentlichter Bericht kommt allerdings zu einem anderen Schluss. „Till the end of 2012, a cumulative number of 1529 HIV infections were reported to the National AIDS Control Program (NACP) where male to female ratio among PLHIV is almost 6:1 respectively. However, Joint United Nations Program on HIV/AIDS (UNAIDS) and the World Health Organization (WHO) estimates around 4,300 (1,600 - 14,000) PLHIV in the country. Of the total reported number of HIV cases, 17 cases are AIDS-related deaths."[62] PLHIV ist die Abkürzung für People living with HIV/AIDS . Die Zahlen basieren auf Erhebungen unter Sexarbeiterinnen, Drogenkonsumenten, Gefängnisinsassen und, wie die Macher der Studie schreiben, „Männern, die mit Männern Sex haben."[63] Die Daten beziehen sich auf acht der insgesamt vierunddreißig Provinzen des Landes.[64] Damit existiert eine hohe Dunkelziffer. Auch wenn die Zahl der HIV-Infektionen auf einem niedrigen Niveau rangiert, wird in dem siebenunddreißig Seiten umfassenden Papier dennoch vor einer Ausbreitung gewarnt. „Afghanistan faces a high risk of an HIV epidemic despite a low HIV prevalance in the country, Afghanistan is at high risk for spread of HIV infection for several reasons: almost three decaded of protracted armed conflicts, huge number of people

---

[62] National AIDS Control Programm (Hg.): Country Progress Report 2014: Afghanistan, 31.03.2014, S. 11. URL:
http://www.unaids.org/sites/default/files/country/documents//AFG_narrative_report_201 4.pdf (Stand: 12.03.2018)
[63] Ebd., S. 11-15.
[64] Ebd., S. 6.

displaced internally and externally, poor economy, poppy cultivation and use of injecting drugs and lack of blood safety and injection practises. These risk factors led officials to warn of urgent need for early interventions to prevent a potentially rapid spread of HIV in Afghanistan."[65] Die Macher des Berichts haben Recht behalten. The Joint United Nations Programme on HIV/AIDS (UNAIDS) schätzt aktuell, dass 2016 7.500 Erwachsene und Kinder am Hindukusch mit HIV leben.[66] Wobei die Zahl der HIV-Neuinfektionen auf weniger als 1.000 geschätzt wird.[67] Darüber hinaus sind 2016 4.500 Kinder und Jugendliche, im Alter von 0 bis 17 Jahren, durch AIDS zu Waisen geworden.[68] Angaben über die landesweiten AIDS-Infektionsraten macht The Joint United Nations Programme on HIV/AIDS nicht. Allerdings zeigt die Zahl der Waisen, die AIDS 2016 hervorgebracht hat, dass es eine hohe Dunkelziffer gibt. Im Übrigen weist der Bericht des National AIDS Control Programme für das Jahr 2005 156 PLHIV aus und für den Zeitraum zwischen 1989 und 2003 156 Betroffene.[69] Doch Nasrollah und nach ihm auch andere Afghanen, die ich traf, hielten an ihrer Meinung fest, dass die Infektionskrankheit in ihrem Land kein Problem darstelle und wenn es überhaupt Betroffene gebe, dann könne es sich bei ihnen nur um Frauen handeln, die der Prostitution nachgehen. „Das ist eben der Preis der sexuellen Freiheit. Und die gibt es bei uns eben nicht in dem Ausmaß wie bei euch im Westen", so Nasrollahs Ansicht zu diesem Thema. Eine anständige Frau gehe am Abend oder in der Nacht nicht allein auf die Straße, schon gar nicht ohne männliche

---

[65] Ebd., S. 4.

[66] UNAIDS: Country Factsheet Afghanistan 2016. HIV and AIDS Estimates. URL: http://www.unaids.org/en/regionscountries/countries/afghanistan (Stand: 12.03.2018)

[67] Ebd.

[68] Ebd.

[69] National AIDS Control Programm (Hg.): Country Progress Report 2014: Afghanistan, 31.03.2014, S. 11. URL: http://www.unaids.org/sites/default/files/country/documents//AFG_narrative_report_2014.pdf (Stand: 12.03.2018)

Begleitung. „Man gibt ihr nicht die Hand, sucht keinen Augenkontakt und schaut ihr auch nicht nach. Das ist zu nah, zu vertraut - einfach zu intim", befand er. „Untereinander können Frauen einen persönlicheren, herzlicheren und näheren Umgang praktizieren, aber im Kontakt zwischen den Geschlechtern gehört sich das nicht." Als ich Nasrollah fragte, ob seine Frau Kontakt zu anderen weiblichen Rückkehrern im Lager pflegt und sich mit ihnen trifft, winkte er ab: „Nein, hier sind zu viele fremde Männer. Das ist zu unsicher." Allerdings war mir schleierhaft, wie er in einem Lager, in dem unzählige Menschen zusammenlebten, und noch dazu in einer derart provisorischen Behausung, für Schutz sorgen wollte. „Nasrin bleibt im Zelt. Sie läuft nicht durchs Lager, sie sucht keinen Kontakt zu anderen, sie erledigt ihre Arbeit im Haushalt und kümmert sich um die Kinder", berichtete Nasrollah. Um sicherzugehen, dass ich seine Ausführungen richtig verstanden hatte, fragte ich ihn, ob das bedeute, dass Nasrin im Lager ein von der Nachbarschaft isoliertes Leben führt. „Sie ist nicht isoliert, sie hat ihre Familie. Im Zelt ist sie geschützt", erwiderte Nasrollah. „Gegen einen Mann, der sie belästigt oder sich sexuell an ihr vergeht, kann sie sich körperlich nicht wehren. Und ein solcher Vorfall würde nicht nur meine Ehre, sondern auch die Ehre meiner Familie und die von Nasrins Familie verletzen." Auf meinem Weg durch das Lager waren mir Frauen begegnet, die sich zwischen den Zelten und auf der angrenzenden Straße frei bewegten. Sie trugen noch nicht einmal die Burka. Lediglich ein Tuch bedeckte ihre Haare, und sie hatten auch keine Scheu mich anzusprechen. „Das sind Frauen anderer Ethnien. Wir sind Paschtunen", erklärte mir mein Gastgeber. „Bei uns gelten die Regeln und Sitten des Paschtunwali." Dabei handelt es sich um einen Rechts- und Ehrenkodex. Für die Paschtunen gibt er lebenspraktische Antworten auf den Alltag mit all seinen Herausforderungen. So zum Beispiel, wenn es um die Frage geht, wie Konflikte gelöst werden, wie das Erbe unter den Familienmitgliedern aufgeteilt wird, wie die Erziehung der Kinder zu erfolgen hat oder was in Kriegszeiten zu tun ist, wie mir Shamsudin erzählte. Der Rechts- und Ehrenkodex lege darüber hinaus auch die Rechte und Pflichten von Frauen und Männern fest. Bestandteil des Paschtunwali seien aber auch Vorgaben zum Versammlungsrecht, zur Rechtsprechung oder zum Gastrecht. „Der Kodex regelt alle Bereiche des gesellschaftlichen und persönlichen Lebens – auch, wenn es zum Streit um Grund und Boden kommt", so Shamsudin. „Die Verführung oder Vergewaltigung einer Frau gilt nach dem Rechts- und Ehrenkodex als schwerwiegender Normbruch, der im schlimmsten Fall sogar die Tötung desjenigen nach sich ziehen kann, der ihn begangen hat." Welche Sanktion tatsächlich verhängt wird, hängt unterm Strich auch von den Tatumständen ab, die in die Beurteilung eines solchen Falls einfließen, wie Nasrollah ergänzte. Die Ehre, Würde und das Ansehen eines Mannes und der Familien sei eng an die Frau gebunden. Aus diesem Grund sei es wichtig, dass sich die Frauen an den geltenden Sittenkodex halten würden. „Nehmen wir an, meine Frau hätte einen Liebhaber, dann könnte ich sie töten, um meine Ehre wiederherzustellen, ich könnte sie aber auch verstoßen und zu ihrer Familie zurückschicken, die dann für eine entsprechende Bestrafung zu sorgen hat", fuhr der Paschtune fort. Bei diesen Schilderungen kam ich zwangsläufig zu der Frage, welches Frauenbild diesen Wertvorstellungen zugrunde liegt. Shamsudin klärte mich auf: „Frauen gelten als schwach und leicht verführbar. Weder körperlich noch intellektuell sind sie den Männern ebenbürtig. Für harte Arbeit, die gerade in ländlichen Gebieten geleistet werden muss, sind sie nach landläufiger Ansicht, nicht in gleichem Umfang geeignet. Außerdem gelten sie als sexuell verfügbar. Deshalb ist ihre Bewegungsfreiheit eingeschränkt und sie stehen unter der Aufsicht von Vater, Bruder und später dem Ehemann." Um die Ehre der Männer, Familien und der Stammesgemeinschaft zu schützen sei es notwendig die Ehre von Töchtern, Schwestern, Müttern und Ehefrauen zu schützen und zu verteidigen. Deshalb seien viele Häuser von Mauern umzogen, die das Leben hinter ihnen nach außen abschirmen. Die Normen- und Wertvorstellungen der paschtunischen Bevölkerung seien strikter als die anderer ethnischer Gruppierungen. Nasrollah berichtete, dass es das gute Recht eines Mannes ist, seiner Frau zu verbieten, das Haus zu verlassen. Ohne seine Einwilligung könne sie nicht einfach einkaufen gehen, ihre Eltern besuchen, andere Frauen treffen oder einen Arzt konsultieren. „Es ist natürlich schwieriger, Ehefrauen und Töchter in einem solchen Lager vor Gefahren zu bewahren. Hier gibt es keine Mauern, aber viele Fremde", gab er zu verstehen. „Deshalb verlässt Nasrin nur zum Kochen das Zelt oder in meiner Begleitung mit der Burka." Schließlich könne sich auch ein Mann nicht den Anforderungen des Paschtunwali entziehen. „Angenommen, ein Ehemann kommt der Verpflichtung nicht nach, seine Ehefrau vor Gefahren zu bewahren, weil er sie vielleicht schlecht behandelt, dann greifen", laut Nasrollah, „beispielsweise Schwager oder Schwiegervater ein, um für den Schutz der Frau zu sorgen." Pflichtverletzungen oder Pflichtvergessenheit könnten auch dazu führen, dass einem Mann seine Ehre in Abrede gestellt werde, was wiederum einen Prestigeverlust nach sich ziehe. Umso wichtiger sei es, dass Pflichten wahrgenommen und Sitten eingehalten würden. Alles andere sei eine Schande und könne mit der Ausstoßung aus der Gemeinschaft bestraft werden oder eben mit dem Tod, wie der Paschtune bemerkte. Wenn ein Mann sich beispielsweise einer unverheirateten Frau nähere, mit ihr flirte, sie vielleicht noch berühre, dann respektiere er weder die Frau, noch ihren Vater oder die übrigen Familienmitglieder. „Mit einem solchen Verhalten wird unsere Ehre mit Füßen getreten, und es würde der Eindruck entstehen, dass meine Tochter - wenn ich eine hätte - oder generell die Frauen in meiner Familie leicht zu haben sind", so Nasrollah. „Das würde meine Qualitäten und Fähigkeiten als Mann und als Vater in Frage stellen und den Ruf meiner Tochter und natürlich auch der Familie schädigen. Das gleiche wäre der Fall, wenn meine Tochter sich heimlich mit einem jungen Mann treffen würde." Schließlich sei es seine Pflicht, ihre „Reinheit und Keuschheit" zu bewahren, bis sie in den Bund der Ehe eintrete. „Um die Ehre wiederherzustellen kann ein Vater die Freiheiten seiner Tochter einschränken", berichtete der Rückkehrer. „Es gibt aber auch Fälle, in denen der betreffende Mann eine Tracht Prügel beziehen musste." Das könne natürlich auch der Tochter blühen, die sich hinter dem Rücken ihrer Familie mit ihm getroffen habe. Bestehe allerdings Grund zu der Annahme, dass es zu mehr als nur einer Annäherung, dem Austausch von Blicken oder einer einfachen Berührung gekommen sei, dann könnten gravierendere Konsequenzen folgen. „Im schlimmsten Fall kann das beide das Leben kosten", versicherte Nasrollah. „Und eine junge unverheiratete Frau, von der es heißt, dass sie einen lockeren Lebenswandel pflegt oder vor der Ehe mit einem Mann zusammen war, hat kaum Chancen verheiratet zu werden." Es komme auch durchaus vor, dass Frauen mit ihrem Vergewaltiger verheiratet werden. „Und damit haben sie Glück", fand der Paschtune. „Für dich mag das schwer nachvollziehbar sein, aber bei uns ist außerehelicher Geschlechtsverkehr weiblicher Familienangehöriger die schlimmste Schande, die nicht selten mit dem Tod der Frau getilgt wird." Nasrollah betonte aber auch, dass eine Ratsversammlung, eine sogenannte Jirga, einberufen werden könne, die den Umständen der Tat nachgehe, auf deren Basis ein Urteil festlege und damit das Strafmaß bestimme. „Es gab schon Situationen, in denen ein Ehemann seine Frau schlecht behandelte, sie schlug, trat und beschimpfte", schilderte Nasrollah mir einen ihm bekannten Fall, in dem die Gepeinigte ihren Qualen ein Ende bereitete, indem sie den ihr angetrauten Despoten tötete. Daraufhin sei eine Jirga einberufen worden, die die Frau freisprach. Ähnliche Ratsurteile waren auch Shamsudin bekannt. „Solche Vorfälle müssen für eine Frau nicht zwangsläufig mit dem Tod enden, sie müssen für sie aber auch nicht unbedingt gut ausgehen", wie er einräumte. „Bei einer Ausstoßung behält eine Frau zwar ihr Leben, aber letztlich stirbt sie mit ihr den gesellschaftlichen Tod, denn ohne Mann und Familie, auf sich allein gestellt, hat sie in der Gesellschaft keinen Platz, und das gilt nicht nur für Paschtunen." Und selbst wenn sie ihre eigene Familie, die sie aufgezogen hat, nicht ausstoße, sei eine Wiederverheiratung schwierig bis aussichtslos, und ihre Angehörigen müssten sie versorgen. „Über großen Besitz wie Ackerland oder Tiere verfügen Frauen in unserer Gesellschaft in aller Regel nicht", erklärte Shamsudin. „Deshalb sind sie natürlich auf ihre Ehemänner, Väter oder Brüder angewiesen." Verstoßungen oder Ehrenmorde würden ebenso andere Ethnien in Afghanistan praktizieren und außerehelicher Geschlechtsverkehr werde bei ihnen ebenfalls geächtet. „Letzten Endes gibt es aber Unterschiede, die von Ethnie zu Ethnie, von Provinz zu Provinz oder auch schon von Dorf zu Dorf variieren, was die Rechte der Frauen anbelangt", betonte Shamsudin. „Afghaninnen können im Verlauf ihres Lebens durch die Geburt von Kindern, als Schwiegermutter und schließlich in der Position der Großmutter eine Aufwertung erfahren und an Ansehen gewinnen." Mit zunehmendem Alter, das zwangsläufig eine Rollenveränderung innerhalb der Familie nach sich ziehe, wandele sich über die Jahre ihr Status in der Rangfolge, an deren oberem Ende die lebensälteste Frau stehe. Die unverheirateten weiblichen Familienmitglieder stünden am Sockel der hierarchischen Pyramide. Anders als Nasrin ging Shamsudins Frau einer geregelten Arbeit nach. Sie arbeitet nach wie vor als Lehrerin. „Das zusätzliche Einkommen können wir gut gebrauchen", befand er. „Sie ist gut ausgebildet, hat studiert und kann jederzeit das Haus verlassen, um Besorgungen zu machen, arbeiten zu gehen, einen Arzttermin wahrzunehmen oder ihre Eltern zu besuchen." Fremde lud aber auch er, als Tadschike, nicht zu sich nach Hause ein, am allerwenigsten Männer. Einmal hatte ich ihn direkt gefragt, ob es denn nach all den Jahren, die wir uns nun kennen, nicht einmal möglich wäre seine Frau und seine Kinder kennenzulernen, von denen er mir so viel erzählt hatte. Er war stolz auf seine drei Kinder, die alle eine Schule besuchten. Seine Tochter wollte genau wie ihre Mutter später als Lehrerin arbeiten, seine beiden Söhne interessierten sich für ein technisches Studium. Für ihn stand immer fest, dass seine Tochter genau die gleichen Chancen erhält, eine gute Ausbildung zu durchlaufen, wie seine Söhne. „Es ist besser, wenn sie zur Schule geht, danach studiert und erst heiratet, wenn sie die Universität abgeschlossen hat", befand er. „Hier in Kabul hat sie diese Chancen. Deshalb sollte sie sie auch ergreifen." Anders als Familien, die außerhalb der Landeshauptstadt lebten, müsste er seine Tochter nicht in einem Studentenwohnheim für Frauen unterbringen. „Viele Familien müssen ihre Töchter bei Verwandten einquartieren, die hier wohnen", sagte Shamsudin. „Dazu sind wir nicht gezwungen. Deshalb ist es für meine Tochter einfacher als für andere Frauen, den höheren Bildungsabschluss tatsächlich zu erreichen, denn wenn es keine Verwandten in Kabul gibt, rückt der Traum vom Studium in unerreichbare Ferne." Denn auch hier greife die Maxime, Frauen zu schützen und ihre Keuschheit und Reinheit bis zur Ehe zu bewahren. Außerdem sei die Einsicht, dass auch Frauen eine gute Ausbildung brauchen, noch längst nicht bis in die hintersten Winkel des Landes vorgedrungen. „Eine Tochter bedeutet für die Familien Investitionen, die sich nicht auszahlen, weil sie verheiratet und Mitglied einer anderen Familie wird", erläuterte Shamsudin. „Nicht wenige Familien sehen deshalb in deren Verheiratung ein gutes Geschäft, um einen ‚nutzlosen Esser' loszuwerden, der nur kostet, aber nichts einbringt." Söhne hingegen würden auch nach einer Heirat in der Familie bleiben, die Felder bestellen und zum Einkommen beitragen. Die Investition von Geld, medizinischer Versorgung und Ernährung in einen männlichen Nachkommen würden sich aus Sicht der Familien aus diesem Grund auszahlen. „Um Schulden zu tilgen verkaufen Väter und Brüder in unserem Land deshalb auch Töchter und Schwestern an ihre Gläubiger", bedauerte Shamsudin und erklärte: „Auf die Art schaffen sie sich nicht nur die gegen sie bestehenden Forderungen vom Hals, sondern auch eine Frau, die sowieso verheiratet und dazu noch ernährt werden muss." Eine Praxis, die auch bei Konfliktschlichtungen durchaus gängig sei. Die ließen sich durch die Weitergabe einer Frau aus der Welt schaffen. Nasrollah bestätigte das. „Wenn beispielsweise ein Mann einen anderen tötet, kann Kompensation geleistet werden, indem ein weibliches Familienmitglied des Mörders an einen Mann aus der Familie des Opfers weitergegeben wird", so Nasrollah. „Ein Ausgleich kann aber auch in Form von Geld herbeigeführt werden oder durch beides, also der Weitergabe einer Frau plus Geld." Als ich Nasrollah fragte, ob die Betroffenen ein Mitspracherecht haben, schüttelte dieser lediglich mit dem Kopf. Shamsudin hingegen fand klare Worte. „Die Frauen haben weder ein Mitspracherecht, noch sind sie mindestens achtzehn Jahre alt", berichtete er. „Fernab der Ballungsräume ist die Tradition stark verankert. Dort werden auch Minderjährige zwangsverheiratet." Erst im Dezember 2016 sprachen Shamsudin und ich erneut über die Lage der Frauen. „Die Geschlechter mögen juristisch gleichgestellt, Kinder- und Zwangsehen verboten sein, doch der Kabuler Arm des Gesetzes ist kurz und reicht bei Weitem nicht bis in jeden Winkel der Provinzen", so seine ernüchternde Beschreibung der Situation. Bei dieser Unterhaltung musste ich wieder an Nasrollah denken, der stolz darauf war, dass ihm Söhne geschenkt wurden. Bei ihrer Geburt habe er Freudenschüsse aus dem Gewehr abgefeuert. „Das war für mich ein großes, glückliches Ereignis", erinnerte er sich damals und gestand, dass er das nicht getan hätte, wenn Nasrin einer Tochter das Leben geschenkt hätte. Als Shamsudin und ich damals das Lager verließen, war ich bedrückt. Schweigend liefen wir zum Wagen. Auf dem Weg dorthin folgten uns erneut die Kinder. Dieses Mal bettelten nicht nur sie um ein Almosen. Ein paar der Männer, die uns anfangs durch das Lager begleitet hatten, erbaten fünfzig Dollar für ihre Bemühungen. Beim Auto angekommen unterhielt ich mich kurz mit dem Redakteur, ob er bereit wäre, sich finanziell zu beteiligen. Doch der winkte ab. Er bezahle nicht für eine Geschichte, und außerdem sei es meine Idee gewesen, das Lager zu besuchen. Auch als ich ihn damit konfrontierte, dass er ausdrücklich darum gebeten hatte mitzukommen und mit den Menschen hier gesprochen und sie fotografiert habe, wollte er sich nicht an der Spende beteiligen. Auch Ashraf, der mit dem Redakteur beim Wagen gewartet hatte, merkte damals an, dass es nicht höflich sei, die Bitte dieser bettelarmen Leute auszuschlagen. Allerdings gab er mir zu bedenken, dass nicht gewährleistet sei, dass das Geld tatsächlich diejenigen erreichen würde, mit denen wir uns ausführlich unterhalten hatten. Kurzerhand fragte ich die Männer, ob es auch in Ordnung sei, wenn ich ihnen im Wert von fünfzig Dollar Lebensmittel zur Verfügung stelle. Ich versprach ihnen, auf den Bazar zu fahren, einzukaufen, zurückzukommen und die Nahrung zu verteilen. Bevor wir allerdings auf den Markt gingen, brachten wir den Redakteur zurück in die Stadt, wo ihn Ashraf weiter begleitete. Als wir die beiden abgesetzt hatten, sprach Shamsudin mit mir über den Zwischenfall. „Weißt du, diese Leute sind enttäuscht von der Regierung und dem Westen – sie fühlen sich im Stich gelassen“, sagte er. „Wenn du ihrer Bitte nicht nachkommst, dann hat es ein anderer Journalist schwer, der mit ihnen ein Interview machen will, weil sie glauben, dass jeder sie nur ausnutzt und aus ihrem Elend Kapital schlagen will.“ Und letztlich falle ein solches Verhalten ausländischer Journalisten auch auf ihn zurück, weil er sie schließlich angeschleppt habe. „Ich will nicht, dass meine Reputation leidet. Ansonsten könnte ich bei einem weiteren Besuch Probleme bekommen“, betonte er. „Es war nicht richtig, dass dein Kollege die Bitte dieser Menschen ausgeschlagen hat.“ Allerdings gab ich Shamsudin zu bedenken, dass er den Redakteur seit vielen Jahren kenne, ihn mit in mein Hotel gebracht und selbst eingeladen habe, mit uns den Tag zu verbringen. Er ließ keinen Zweifel daran, dass er vom Verhalten des Mannes enttäuscht war und dass er daraus seine Lehren ziehen werde. Aber gerade deshalb sei es jetzt umso wichtiger, dass ich zu meinem Wort stehe. Schließlich hätten die Lagerbewohner sehr wohl registriert, dass es zu Unstimmigkeiten zwischen dem Redakteur und mir gekommen sei und er ihnen für ihre Bemühungen nicht entgegenkommen wollte. Als wir auf dem Bazar ankamen, gab ich Shamsudin das Geld für den Einkauf, denn von Ausländern verlangten die Händler in der Regel mehr als von den Einheimischen. Das wollte ich vermeiden, um für die fünfzig Dollar so viel wie möglich für die Rückkehrer einkaufen zu können. Nach dreißig Minuten standen im Kofferraum des Kombis Kisten mit Äpfeln, Brot, Gemüse und anderen Nahrungsmitteln. Mit den Einkäufen fuhren wir zurück zum Olympiastadion, wo sich die Leute aus dem Rückkehrerlager in Windeseile um den Wagen scharten und uns die Lebensmittel sprichwörtlich aus den Händen rissen. Nasrollah bedankte sich unzählige Male bei mir. „Ich hätte nicht gedacht, dass du zurückkommst", gestand er. „Dass du zu deinem Wort stehst, zeigt mir, dass du im Herzen eine Afghanin bist." Die Lebensmittel reichten nicht für alle Familien. Es tat mir leid, dass meine gut gemeinte Spende nichts weiter war als ein Tropfen auf den heißen Stein. Beim Anblick der zahllosen dicht aneinandergedrängten Bedürftigen, die alle ihre Hände ausstreckten und von denen jeder nach einem Ölkanister, einer Reispackung, nach einem Brot oder einer Gemüsetüte rief, musste ich tief durchatmen. Ratlosigkeit und ein Gefühl der Ohnmacht beschlich mich, während sich die Menschen in der Menge gegenseitig quetschten und nach vorne zur offenen Heckklappe drückten. Bei jedem neuen Ruck, der durch die Reihen ging und mich erreichte, befürchtete ich, umgerissen zu werden und im Kofferraum zu landen. Noch nie hatte ich so etwas erlebt - zumindest nicht bis zu diesem Zeitpunkt. Shamsudin und ich konnten die Kisten bei weitem nicht so schnell leer räumen, wie wir es gemusst hätten. In diesem Moment hätte ich alles für einen Laster gegeben, von dessen Ladefläche die Menschenmenge überschaubar gewesen wäre und sich die Lebensmittel erheblich leichter hätten verteilen lassen. Aber so waren wir zwischen der Stoßstange des Kombis und den Lagerbewohnern praktisch eingekesselt. Ich hoffte nur, dass weder Shamsudin noch ich stürzten und uns die Kinder, Frauen und Männer nicht überrennen würden. Da ich mich kaum noch frei bewegen konnte, begann ich blindlings Brote in die Menge zu werfen. Irgendwo schnellten aus dem Gedränge Hände nach oben, die sie auffingen. In meiner Not kletterte ich in den Kofferraum und begann in den vorderen Reihen, in denen ausschließlich Kinder standen, Äpfel zu verteilen. Einem kleinen Jungen war das nicht genug. Mit dem Finger deutete er auf Brot, Reis und Öl. Kaum hatte ich die gewünschten Tüten nach vorn gezogen, schnappte er sie sich, presste sie an seinen schmächtigen Körper und kämpfte sich mit aller Kraft durch das Menschenknäuel. Zu diesem Zeitpunkt gab es noch zwei Brote und ein wenig Gemüse zu verteilen. Als dieser letzte Rest seinen Besitzer gewechselt hatte, löste sich die Menge urplötzlich auf. Ganz so als sei nichts geschehen. Ein paar Männer und Frauen blieben noch stehen, um sich zu bedanken, obwohl sie bei der Aktion völlig leer ausgegangen waren. Erschöpft setzte ich mich auf die Kante des Kofferraums und stieß dabei einen gewaltigen Seufzer aus, als hätte ich Schwerstarbeit geleistet. Wir waren sicherlich nicht länger als drei oder vier Minuten mit dem Verteilen der Einkäufe beschäftigt gewesen. Aber mir kam es vor, als hätte das ganze Unterfangen mindestens dreißig Minuten in Anspruch genommen. „Die Aktion hat eingeschlagen“, lachte Shamsudin. „Bei der Verteilung von Lebensmitteln, Kleidern und anderen Hilfsgütern geht es immer so zu. Aber es ist nochmal eine ganz andere Sache, wenn man selbst mitten drin steckt.“ Da konnte ich ihm nicht widersprechen. Derartige Einsätze von Hilfsorganisationen oder Streitkräften hatte ich in der Vergangenheit schon oft aus einiger Entfernung oder vom Dach eines Pkw aus beobachtet. Mitten in der Ansammlung zu stehen,

Teil von ihr zu sein und das Ziehen, Zerren, Quetschen, Drängen und Rufen hautnah mitzuerleben, war mir dann doch zu viel gewesen. Rückblickend gingen uns die Lebensmittel genau zum richtigen Zeitpunkt aus, denn es wäre kaum auszudenken gewesen, wenn noch mehr Menschen mit aufgehaltenen Händen herbeigeströmt wären. „Die Leute haben zwar gedrängelt, aber es gab keinen Streit, und niemand hat sich selbst bedient. Trotz des Andrangs lief alles geordnet ab. Das ist die Hauptsache“, resümierte Shamsudin. „Und wir haben ziemlich viele Leute erreicht.“ Trotzdem gingen etliche ohne eine Tüte nach Hause. Aber mehr hatten wir beide nicht tun können. Shamsudin beruhigte mich. „Das ist nicht schlimm“, fand er. „Wir haben einigen dieser Menschen heute dabei geholfen etwas zum Essen auf den Tisch zu bekommen. Wir haben ihre Bitte nicht ausgeschlagen und ihre Erwartungen nicht enttäuscht, das ist es worauf es ankommt.“ Knapp ein Jahr später erzählte mir Shamsudin, dass das Rückkehrerlager am Olympiastadion nicht mehr existiere und dass die Rückkehrer am Rand der Stadt in Häuser untergebracht worden waren, die sich damals im Bau befunden hatten. Gemeinsam fuhren wir dorthin, weil wir wissen wollten, wie es den Leuten jetzt erging. Die Häuser waren zwar nichts weiter als ein Rohbau, aber die Bewohner versicherten mir, dass es besser sei, hier zu wohnen, als unter widrigen hygienischen Bedingungen in einem Zelt zu hausen. Bei Regen verwandelte sich der Erdboden rings um die Notunterkünfte in Morast. Bis über die Knöchel sanken die Menschen bei jedem Schritt in dem schlammigen Untergrund ein. Nicht zuletzt deshalb waren viele froh gewesen, dass sie umziehen konnten. Als Shamsudin und ich in einem der Häuser Stufe für Stufe ins obere Stockwerk hinauf stiegen, kam ein Mann auf uns zu, der mich überschwänglich begrüßte. Tatsächlich konnte er sich noch daran erinnern, dass ich im Lager Lebensmittel verteilt hatte. „Wir haben damals nicht miteinander gesprochen“, sagte er. „Aber ich kann mich an dich erinnern und an das, was du getan hast. Das werde ich nie vergessen. Mein

Name ist Basir." Daraufhin lud er uns in seine Wohnung auf eine Tasse Tee ein und erzählte, wie es ihm, seiner Frau und den Kindern seither ergangen war. Von Shamsudin, dem ich regelmäßig mit der Post Kleidung schickte, hatte er ein paar Winterschuhe für seine Tochter und eine rote Daunenjacke bekommen. Seit meinem Besuch in dem Lager bat ich ihn, dort den Inhalt meiner Pakete zu verteilen, da die Menschen in ihren provisorischen Unterkünften gerade im Winter der kalten Witterung ausgesetzt waren. Stolz nahm er die rote Jacke von einem Nagel an der Wand herunter, der als Garderobenhaken diente. „Dank ihr musste ich im letzten Winter nicht frieren", sagte er. „Und meine Tochter hat endlich richtige Schuhe, in denen ihre Füße warm bleiben und vor Nässe geschützt sind." Ich schaute mich in der kleinen, mit Teppichen ausgelegten Wohnung um. Es gab weder Schränke, Regale noch einen Herd. Laut Basir kochten seine Mutter und seine Ehefrau das Essen auf einem Campingkocher. „Das ist alles nicht so wild", meinte er. „Es sind zwar noch keine Fenster eingebaut und eine Heizung fehlt auch noch, aber wir kommen zurecht." In kalten Nächten stelle er dort, wo noch das Balkonfenster fehle eine Schale auf, in der er mit Brennholz Feuer mache. Wasser gebe es an einem Brunnen im Innenhof des Gebäudekomplexes. Als wir Basirs kleines Heim verließen warteten hinter dem Vorhang, der die Wohnungstür ersetzte, die Kinder, die Sahmsundin und mir gefolgt waren. Basir scheuchte sie zur Seite und folgte uns zum Wagen. Aus einem Seesack zog ich eine gefütterte Jacke und ein paar warme Socken für seine Frau und seine Tochter. Das blieb nicht unbemerkt, und im Nu standen wieder einige Kinder und Erwachsene neben dem Wagen, denen ich Lebensmittel zusteckte. Seit dem Tag am Kabuler Olympiastadion im Jahr 2005 hatte ich es mir zur Gewohnheit gemacht, immer etwas dabei zu haben, das ich den Leuten geben konnte und von dem ich wusste, dass es für sie von Nutzen war. Am meisten hat mich dabei immer beeindruckt, wie dankbar die Menschen für die kleinsten Dinge waren, die ich ihnen gab, dass sie diese Geste zu schätzen wussten und sich selbst nach Monaten und Jahren noch an Shamsudin und mich erinnerten. „Solche Dinge vergessen wir Afghanen nicht", sagte Basir, der sich bei mir wieder und wieder dafür bedankte, dass ich seinen Landsleuten zu helfen versuchte. „Als du 2005 den Menschen im Lager versprochen hast, dass du aus Deutschland Kleidung schickst, hatte ich meine Zweifel", gestand er. „Ich dachte, dass du daheim, weit weg von Afghanistan, dein Versprechen vergisst. Denn bei euch im Westen hat das Wort, das einem gegeben wird, nicht die gleiche Bedeutung wie bei uns." Kurz bevor ich in den Wagen stieg, fragte ich Basir noch nach Nasrollah. Er erinnerte sich an ihn. Einer seiner Söhne sei an einer Lungenentzündung gestorben. Danach sei die Familie zu Fuß in den Iran gereist, um dort Arbeit zu finden. „Nasrin war zu dem Zeitpunkt schwanger", fuhr er fort. „Ob die Familie im Iran tatsächlich angekommen ist und ob es der Frau gut geht, kann ich nicht sagen. Wir haben nichts mehr von ihnen gehört, seit sie das Lager verlassen haben." Sich zu Fuß auf den Weg zu machen mit einer schwangeren Frau, sei ein ziemliches Wagnis, meinte ich. Basir gab mir Recht. Auf dem Marsch quer durchs Land sei es schwierig, medizinische Versorgung zu bekommen, wenn es Komplikationen gebe. „Aber Nasrollah hat es so entschieden und seine Frau muss ihm folgen. Er hat in Kabul keine Verwandten, bei denen er sie oder die Kinder hätte unterbringen können", berichtete Basir. „Aber so ist es eben. Jede Reise birgt ein Risiko. Mir reicht es jedenfalls, ich bin genug herumgewandert, ich bleibe jetzt hier. Woanders habe ich auch keine Garantie dafür, dass es besser wird." Während wir uns Richtung Stadtzentrum aufmachen, winkt uns Basir noch lange nach. Was der morgige Tag oder die nächste Woche auch bringt, der Familienvater gibt nicht auf. Irgendwann, da ist er sich sicher, wird er einen festen Job finden. Ob Baubranche, Einzelhandel oder Transportgewerbe – Basir ist nicht wählerisch. Einen Traumberuf gibt es für ihn nicht, denn Träume kann er sich nicht leisten. Für ihn zählt nur, dass er jeden Monat ein verlässliches Entgelt bezieht, dass er gesund bleibt und seine Familie bei ihm ist. Alles andere wird sich ergeben.

Von der arrangierten Ehe zur Scheidung

Während Basir weiter optimistisch bleibt, hat der Nachbar von Arefs Onkel ganz andere Probleme. Es ist sieben Uhr morgens, als Aref, sein Onkel Mohammed und dessen Nachbar, Abdul, im Garten sitzen und sich unterhalten. Im Morgengrauen sind die drei Männer für das Morgengebet aufgestanden. Anschließend haben sie sich zu einem Plausch getroffen. Schnell stellt sich heraus, dass es um die Heirat von Abduls Tochter geht. Das Mädchen ist vierzehn Jahre alt, und ihr Vater hat sie einem gut dreißig Jahre älteren Mann zur Frau gegeben. Jetzt gibt es Streitereien. „Meine Tochter wird von ihm geschlagen und misshandelt", offenbart er. „Sie ist ihm deshalb schon einmal davongelaufen, was dazu führte, dass er drohte, sie umzubringen, wenn ich sie nicht zurückbringe." Abdul hat für die Vermählung sechzig Schafe erhalten. Eigentlich habe er mit dem Schwiegersohn vereinbart, dass seine Tochter bei ihm, dem Vater, bleibe, bis sie das gesetzlich festgelegte Heiratsalter erreicht habe, aber davon habe der Mann schon bald nichts mehr wissen wollen. „Er hat seine Verwandten geschickt, um sie abholen zu lassen", erzählt Abdul. „Anfangs versuchte ich, das Ganze abzuwiegeln, aber dann ging es mit den Drohungen los." Wieder und wieder habe ihn der Ehemann angerufen. Abdul beteuert, dass er ihm stets von Neuem erklärt habe, dass seine Tochter noch zu jung sei und Zeit brauche, aber davon habe der Ehemann nichts hören wollen. Stattdessen habe er gedroht, Abdul samt seiner Tochter umzubringen. „Er fühlte sich in seiner Ehre verletzt, und die wollte er mit allen Mitteln verteidigen oder wiederherstellen", so der verzweifelte Vater. „Wenn ein Mann eine Frau für ein paar Schafe gekauft hat, dann kann er mit ihr alles machen, er ist der Besitzer des Mädchens." Sein Blick verharrt starr auf der Wand von Mohammeds Haus. Es wird still, Aref schaut mich betroffen an, während Abdul seine Tasse fest umklammert und einen tiefen

Seufzer von sich gibt. „Ich habe für meine Tochter Schafe und
ein Stück Land erhalten", erzählt er. „Es war vereinbart, dass ich
einen Teil jetzt erhalte und den Rest in zwei Jahren, wenn sie zu
ihrem Ehemann zieht." Doch dann kam alles anders, und Abdul
brachte nach vielem Hin und Her seine Tochter zu ihrem Mann.
Danach sei der Kontakt völlig abgebrochen. Erst als sie vor drei
Monaten im Frauenhaus weinend vor ihm stand und völlig außer
sich schilderte, wie ihr Mann sie schlug, sie niederprügelte und
mit den Füßen trat, hat er wieder etwas von ihr gehört. „Bis zu
diesem Zeitpunkt hatte ich keine Ahnung, wie es meiner Tochter
geht", versichert Abdul. Immer wieder habe er versucht, sie anzurufen, doch niemand sei an das Handy gegangen. „Irgendwann
standen dann die Mitarbeiter des Frauenhauses vor meiner Türe.
Sie baten mich, mit nach Kabul zu kommen, wo meine Tochter
sicher untergebracht war", fährt er fort. „Seither ist sie wieder bei
mir, aber sie kann nicht auf die Straße gehen oder arbeiten, weil
das Risiko zu groß ist, dass jemand sie erkennt und ihren Mann
verständigt, der sie dann entführt und ihr etwas antut." Er willigt
ein, dass ich mit seiner Tochter spreche. Also machen wir uns auf
den Weg zu ihr. Als wir dort ankommen, öffnet er das Eisentor zu
seinem bescheidenen Anwesen, und wir laufen quer über den
Hof, geradewegs auf seine Tochter zu, die vor dem Haus sitzt und
Wäsche in einer Schüssel mit Wasser wäscht. Die Vierzehnjährige beäugt mich von Kopf bis Fuß. Sie legt das nasse Kleidungs-
stück, das sie gerade mit den Händen ausdrückt, zur Seite und
begrüßt mich. Ich erkläre ihr, dass ich von dem, was ihr widerfah-
ren ist, gehört habe und gerne mehr wissen würde. Anders, als ich
es nach den Schilderungen ihres Vaters erwartet hatte, ist Mariam
nicht scheu. Im Gegenteil, sie ist sehr selbstbewusst und fragt
mich ohne große Umschweife, was mich interessiert. Nachdem
sie ihre jüngere Schwester ins Haus geschickt hat, fängt sie an,
ihre Geschichte zu erzählen. Den Mann, den ihr Vater für sie ausgesucht hatte, wollte sie nicht heiraten. „Ich habe mich gewehrt,

doch das war aussichtslos", berichtet sie. „Ich war diesem Mann versprochen worden, und dieses Versprechen ließ sich nicht zurücknehmen. Ich musste ihn heiraten." Mariam gesteht, dass sie vor ihrem Ehemann Angst hatte. Schon bevor er sie heiratete, sei er bereits zweimal verheiratet gewesen. Ihren Vorgängerinnen habe er das Leben solange zur Hölle gemacht, bis sie gestorben seien. „Mit so einem Mann wollte ich keine Ehe eingehen. Mir war klar, dass das nicht gutgehen wird. Ich hatte ein ungutes Gefühl", schildert sie ihre damaligen Bedenken. Für die Vierzehnjährige steht fest, dass sie unter gar keinen Umständen in die Hölle zurückgeht, aus der sie gekommen ist. „Er würde mich sofort umbringen", sagt sie mit fester Stimme. „Und dafür würde ihn nicht einmal jemand zur Rechenschaft ziehen." Während der etwa anderthalb Jahre dauernden Ehe wurde sie schwanger. Das hielt ihren Mann nicht davon ab, sie so lange zu schlagen und zu treten, bis sie eine Fehlgeburt erlitt. Eine Nachbarin, die sich in der Geburtshilfe auskannte, stand ihr bei. „Sie half mir, die Fehlgeburt zu überstehen und versorgte meine Verletzungen", fährt die Vierzehnjährige fort. „Aber letztlich kam mein Mann ungeschoren davon. Niemand hat ihn zur Rede gestellt oder bei der Polizei angezeigt. Weder der Dorfälteste, noch die Nachbarn haben hingesehen und mir geholfen." Sie hat keinen Zweifel daran, dass ihr das jederzeit wieder passieren könnte. „Ich habe mich entschieden zu kämpfen. Ich will kein Opfer mehr sein." Mariam ist froh, dass sie kein Kind von ihrem Mann zur Welt gebracht hat, denn nach dem islamischen Recht stehe geschiedenen Frauen kein legales Sorgerecht zu. Bis zu einem bestimmten Alter dürften die Kinder bei der Frau bleiben, doch danach müssten sie dem Vater und dessen Familie übergeben werden. Außerdem erhielten die geschiedenen Frauen laut Abdul weder Unterhaltsgeld für die Kinder, noch für sich selbst, unabhängig davon, ob sie nach der Scheidung wieder von ihren Familien aufgenommen werden oder nicht. Ich frage ihn, ob eine Wiederverheiratung einfach ist oder ob die soziale Stigmatisierung, die mit einer Trennung einhergehe, die Suche nach einem neuen Ehemann erschwert. Abdul schweigt kurz. Dann holt er tief Luft und bestätigt, dass es keineswegs leicht ist, eine weitere Heirat zu arrangieren. „Geschiedene Frauen heiraten meistens einen Mann als zweite oder dritte Frau", sagt er. „Außerdem ist der Brautpreis für diese Frauen nicht so hoch, deshalb kommen für eine erneute Heirat für gewöhnlich Männer in Betracht, die nicht sonderlich viel besitzen." Darüber macht sich Abdul momentan aber keine Gedanken. Er ist zuversichtlich, dass er für seine Tochter eine weitere Ehe arrangieren kann. Sorge bereitet ihm im Moment die Verhandlung. „Wenn der Richter die Scheidung nicht bewilligt, wird sie wahrscheinlich noch im Gerichtssaal ihrem Mann übergeben, oder sie wird von den Behörden zu ihm gebracht, wenn er nicht erscheint", grübelt Abdul, während Mariam berichtet, dass eine Frau drei Zeugen finden muss, die ihre Gründe für einen Scheidungsantrag bestätigen. „In Afghanistan kann sich eine Frau zum Beispiel scheiden lassen, wenn der Mann impotent ist, die Familie nicht ernähren kann, wenn er krank ist oder seine Frau lebensgefährlich misshandelt", zählt die Vierzehnjährige auf. „All das ist schwer zu beweisen, außerdem wird mein Ansehen dadurch auch nicht wiederhergestellt, und niemand kann mir garantieren, dass mit dem nächsten Mann alles besser wird, falls ich überhaupt einen finde." Abdul gibt die Hoffnung nicht auf: „Unser einziger Vorteil ist, dass er schon zwei Frauen auf dem Gewissen hat. Vielleicht wird der Richter ein Urteil zu unseren Gunsten fällen." Seine Tochter jedenfalls ist froh, dass ihr Vater sie wieder aufgenommen und nicht verstoßen hat. Für eine Frau sei es gefährlich, ihrem Ehemann wegzulaufen. Die Mehrheit der Gesellschaft sehe darin ein moralisches Verbrechen. Sprich: Mariam könnte vorgeworfen werden, dass sie sich prostituiert. Abdul jedenfalls ist an einer schnellen Scheidung interessiert und daran, dass sein Schwiegersohn nicht darauf besteht, dass er ihm seine Tochter aushändigt. Auf Dauer kann die Vierzehnjährige aber nicht bei ihm bleiben. Das Geld reicht kaum, um seine Frau und die anderen beiden Töchter durchzubringen. Kommt die Trennung nicht zustande hat Abdul ein ernsthaftes Problem. „In diesem Fall kann nur noch der Tod die beiden scheiden“, jammert er augenrollend. „Ich habe keine Söhne. Sie würden vieles erleichtern.“ Dafür hat Abdul einen Bruder, der, wenn er stirbt, seine Frau und die unverheirateten Töchter erbt. „Wenn das geschieht könnte er meine Kinder und mein Weib weiterverkaufen“, berichtet er. „Ein Sohn, der nach meinem Tod an meine Stelle als Familienoberhaupt tritt, wäre deswegen besser.“ Ich frage Abdul, ob es ihm zu schaffen macht, wenn er Mariam noch einmal in eine so grausame Beziehung verheiratet. Er streicht sich mit der Hand über seinen langen, dunklen Bart. „Es ist Tradition, und ich bin arm, meine ganze Familie ist arm“, wiederholt Abdul. „Mit den Schafen und dem Stück Land, das ich für meine Tochter bekommen habe, kann ich Geld verdienen. Wenn ich könnte, dann würde ich keines meiner Kinder so jung verheiraten. Aber das ist Wunschdenken.“ Wortlos sitzt er vor der vergilbten grünen Wand im Wohnzimmer seines Hauses. Es ist ihm anzusehen, dass ihn die ganze Sache ziemlich belastet. Mariams jüngere Schwester, die gerade einmal zwölf Jahre alt ist, hat er ebenfalls jemandem versprochen. „Aber mit ihr ist es genau dasselbe“, klagt er. „Der Verlobte will sie früher, er will nicht warten. Seine Familie steht immer wieder vor meiner Türe und fordert, dass ich sie ihnen gebe, obwohl wir wie bei Mariam vereinbart haben, dass sie warten bis sie das richtige Alter erreicht hat.“ Missmutig senkt Abdul den Kopf. Er nimmt einen Schluck Tee. Dann gesteht er sich selbst ein, dass er ihnen seine jüngste Tochter irgendwann übergibt, wenn der Druck zu groß wird. Von dem Moment an wird er hoffen, dass es ihr anders ergehen wird als Mariam.

Von der Familie verstoßen

Mariam protestierte zwar, als ihr Vater eine Ehe für sie arrangierte, aber nach vielen Diskussionen heiratete sie dann doch den Mann, der für sie ausgesucht worden war. Dazu ist nicht jede Afghanin bereit, wie sich im Kabuler Gefängnis Pul-e-Charkhi, zeigt. Es ist die größte Haftanstalt des Landes. In den siebziger Jahren des vergangenen Jahrhunderts wurde unter Präsident Mohammed Daoud Khan mit dem Bau der an eine Festung erinnernden Anlage begonnen. Im darauffolgenden Jahrzehnt wurde das Gefängnis, das im Verlauf der Saur Revolution im Jahre 1978 durch Folterungen und Exekutionen traurige Berühmtheit erlangte, fertiggestellt. Bei einer Besichtigung stoße ich auf ein Mädchen, das gerade mal siebzehn Jahre alt ist und von der Zukunft träumt. Seine Eltern hatten es einem Mann versprochen, den Sia, so ihr Name, nicht heiraten wollte. Auf dem Bazar hatte sie einen Jungen kennengelernt, in den sie sich verliebt hatte und mit dem sie durchgebrannt war. Ihre Handgelenke schmücken Tätowierungen, Zeugnisse ihrer Liebe zu jenem jungen Mann, für den sie ins Gefängnis ging, wie sie mir erzählt. „Meine Eltern haben unsere Verbindung nicht akzeptiert, schließlich war ich einem anderen versprochen, den sie für mich ausgesucht hatten", sagt sie. Dass ihre Tochter einen Geliebten hat, wussten ihre Eltern nicht. Sia verschwieg es ihnen. „Meinen Eltern konnte ich mich nicht anvertrauen. Durch einen Nachbarn, der mich mit meinem Freund gesehen hat, flog alles auf", ärgert sich die Siebzehnjährige, deren Geschichte wie ein wildromantisches Abenteuer anmutet. Ihre Eltern machten einen riesen Aufstand. „Mein Vater schrie mich an, meine Mutter verpasste mir eine Ohrfeige nach der anderen. Es war schrecklich", versichert Sia. „Sie warfen mir an den Kopf, dass ich eine Schande für sie bin, ein Flittchen, das sich jedem an den Hals wirft. Sie wollten feststellen lassen, ob ich noch Jungfrau bin." Die Siebzehnjährige weigerte sich. Sie habe geweint, geschrien und gebettelt. Keinen habe es interessiert, ob sie den Mann, dem sie versprochen worden war, tatsächlich heiraten wollte. „Niemand hat mich gefragt, ob ich überhaupt heiraten will. Es hieß immer nur ‚du musst dies‘, ‚du musst das‘, immer war nur von müssen die Rede, nie davon ob ich möchte", regt sich Sia auf. Die Siebzehnjährige ist mehr als zornig auf ihre Eltern. „Alles bestand bei ihnen aus Regeln, Pflichten, Traditionen und Erwartungen. Das hat mich erdrückt. Ich lebte in einem Käfig", schimpft sie munter weiter und fängt an zu skizzieren, wie sie ihren Schwarm kennenlernte. Vor einem Jahr sei sie auf den Markt gegangen, habe Lauch und Brot für das Abendessen besorgt. Dort traf sie diesen „jungen, gutaussehenden Mann", dessen Namen sie nicht verraten will. Sie sei ihm einige Schritte gefolgt, vorbei an den Marktständen, den Auslagen der Tuchhändler und der Zigarettenverkäufer, solange, bis er sie bemerkt und ihr ein Lächeln zugeworfen habe, das sie zurückhaltend erwidert habe. Unauffällig sei er ihr in eine Seitengasse gefolgt, wo er sie schließlich angesprochen habe. „Er sagte mir, dass er mich wiedersehen und mit mir sprechen wolle. Ich hatte ein bisschen Angst, weil sich das nicht gehört. Aber ich wollte ihn unbedingt wiedersehen." Und so gab die damals Sechzehnjährige seinen Anstürmen und ihrem eigenen inneren Drängen nach. Immer wieder hätten sie sich auf dem Markt getroffen und seien in der Stadt gemeinsam umhergeschlendert - bis zu dem Tag, an dem Sias Geheimnis aufflog. „Ich wollte weg, ein eigenes Leben mit dem Mann führen, den ich liebe", begründet sie den Entschluss, eines frühen Morgens, als alle zuhause noch tief schliefen, zum Mobiltelefon zu greifen und ihren Liebsten anzurufen. „Ich sagte ihm, dass ich so nicht mehr leben könnte. Dass ich bei ihm und nicht mehr bei meinen Eltern sein wollte", erinnert sich Sia. Daraufhin haben sie sich in der Stadt getroffen. Zusammen sind sie dann zum Busbahnhof gegangen, von wo aus sie zu seinem Onkel nach Mazar-e-Sharif aufbrachen. Als ich genaueres über die

Umstände erfahren möchte, stockt die junge Frau. Ob ich ein Spitzel der Justiz sei, fragt sie irritiert. Meine Fragen seien bohrender als die des Richters. Sie will nicht mehr sagen als das, was sie ohnehin schon preisgegeben hat. „Mein Verfahren ist noch nicht abgeschlossen. Ich weiß nicht einmal, welche Strafe mich erwartet. Seit acht Monaten sitze ich hier in Haft, und über mein Strafmaß ist noch nicht entschieden worden. Ich möchte nichts Falsches sagen“, entgegnet sie mir und bittet um Verständnis. Davon, was sie vor Gericht erwartet, hat die Siebzehnjährige nicht einmal im Entferntesten eine Vorstellung. Eine der Wärterinnen, die unser Gespräch überwacht, sagt mir später, dass in solchen Fällen die Wahrscheinlichkeit groß sei, dass die Frauen wegen Prostitution verurteilt werden. Zu ihrer Familie hat Sia keinen Kontakt mehr. Weder ihre Mutter und ihr Vater, noch ihre Geschwister oder andere nahestehende Verwandte besuchen die junge Frau. Sie ist völlig auf sich allein gestellt. Die Siebzehnjährige hat keine Familie mehr, niemanden der sich um sie sorgt oder sich gar darum kümmert, sie aus dem Gefängnis herauszuholen. Sia weiß nicht, wie es weitergehen soll. Selbst nach monatelanger Haft hält sie noch an ihrem Freund fest. In ihn setzt sie all ihre Hoffnungen. Wenn er sie heiraten würde, dann gehöre sie wieder zu einer Familie, die sie schütze und für sie sorge. „Wir haben Kontakt. Ich weiß, wie es ihm geht und dass er gerade krank ist. Deshalb kann er mich nicht besuchen“, erzählt Sia. „Ich vermisse ihn so sehr.“ Beschämt hält sie sich die Hände vors Gesicht, zieht ihr Kopftuch tiefer in die Stirn und lacht verlegen. Noch immer hockt sie mit ihrem dunklen Kleid neben mir auf dem Boden. Es fällt ihr sichtlich schwer über das Erlebte zu sprechen. „Noch nie hat mich jemand gefragt, wie es in mir aussieht“, sagt sie. „Und jetzt kommst du und fragst nach meinen Gefühlen und Gedanken.“ Das sei das erste Mal, dass sie versuche in Worte zu fassen, was sie an Wünschen, Bedürfnissen und Hoffnungen in sich trage. „Mein Leben lang habe ich immer meine Pflichten erfüllt, habe das getan, was von mir verlangt wurde", berichtet sie. „Als ich meinen Freund kennenlernte, dachte ich, dass er meine Chance ist, ein anderes Leben zu führen und zwar mit jemandem, der mich wirklich liebt." Ihre Gedanken kreisen um die Fahrt nach Mazar. Als sie die Hauptstadt der Provinz Balkh erreicht hatten, habe sie ihr Freund zu seinem Onkel gebracht. Drei Wochen habe sie bei ihm, seiner Frau und den Kindern gelebt, habe sich im Haushalt nützlich gemacht, die Kinder gehütet und regelmäßig mit ihrem Freund telefoniert, der wieder zurück nach Kabul gefahren sei, wo er arbeitete. Geduldig wollte sie in Mazar ausharren, bis er zurückkommen und sie zusammensein könnten. Sia ahnte nichts davon, dass ihr Vater zwischenzeitlich die Polizei verständigt hatte. Sie habe doch keinen anderen Ausweg gewusst als den, einfach wegzulaufen. Über ein Foto, das ihre Mutter bei ihren Sachen fand, wurde ihr Freund ausfindig gemacht. Als er über den Markt lief, wurde er verhaftet und anschließend verhört. Gestanden habe er nichts, wie er ihr am Telefon versicherte. Er habe ihr versucht klar zu machen, dass es Probleme in Kabul gebe und dass sie zurückfahren solle, um die Angelegenheit zu regeln. Neunmal habe sie mit ihm gesprochen und sich stets geweigert, in den Bus zu steigen. Beim letzten Anruf habe sie dann eingewilligt, sich auf den Weg gemacht und sei in Kabul zur Polizei gegangen. „Ich wusste nicht, was auf mich zukommt. Ich bin auf das Revier gegangen und habe gesagt, wer ich bin. Daraufhin haben sie mich gleich abgeführt und in eine Zelle gesteckt", erinnert sich Sia. „Keiner verriet mir, weshalb ich inhaftiert wurde. Erst dem Richter konnte ich erzählen, was geschehen war, und der ließ mich hierher bringen." In Pul-e-Charkhi hätte sie dann von den Wärterinnen erfahren, dass sie mit ihrem Freund nicht hätte weglaufen dürfen. Nun wird sie beschuldigt eine Prostituierte zu sein. Zeugen, die das Gegenteil beweisen würden, kann sie nicht aufbringen. Wie lange es dauern wird, bis es für Sia ein Urteil und damit Gewissheit über ihr Strafmaß geben wird, kann mir keiner der Anwesenden sagen. „Es deutet vieles darauf hin, dass sie wegen Prostitution angeklagt wird“, bilanziert eine Wärterin. „Unter den Taliban wurden solche Frauen gehängt, gesteinigt oder ausgepeitscht. Heute erwartet Frauen, die wegen Prostitution vor Gericht stehen, eine Gefängnisstrafe.“ Sia blickt bei diesen Worten ausdruckslos zu Boden. Normalerweise werden Ausreißerinnen von ihren Familien nach zwei oder drei Monaten abgeholt. Das ist zumindest die Erfahrung der Wärterin. Aber Sia holt niemand ab. Ihre Angehörigen haben sie verstoßen. Was die Zukunft für sie bringen wird, ist ungewiss. In der patriarchalischen Gesellschaft Afghanistans haben Frauen wie Sia kaum eine Chance, eine nach afghanischen Maßstäben legale Arbeit zu finden. Deshalb diene der Weg in die Prostitution vielen Frauen in der ultrakonservativen Gesellschaft als Überlebensstrategie, wie mir nicht nur Amina von RAWA, sondern nun auch die Wärterin versichert. Sia bleibt nur die Hoffnung, dass ihr Freund sie aus dem Gefängnis herausholen und heiraten wird. Vor dem Richter hatte sie nach eigenen Aussagen die gesamte Schuld auf sich genommen und beteuert, dass ihr Freund sie nicht entführt habe. Sie hatte zugegeben, dass sie ihn angerufen und dazu angestiftet hatte, sie wegzubringen. „Ich bin bereit, die ganze Schuld auf mich zu nehmen, um meinen Freund zu schützen“, sagt sie. „Er wird kommen, mich hier rausholen, und wir werden zusammen fortgehen.“ Zuletzt hat sie ihn vor acht Monaten gesehen, als er von Mazar wegging, um in Kabul zu arbeiten. Im Gefängnis hat er sie nie besucht. Als ich die Siebzehnjährige deshalb frage, was sie tut, wenn er sie sitzen lässt und sich eine andere Frau sucht, winkt sie ab. Daran mag sie nicht denken. Diese Möglichkeit blendet Sia völlig aus. „Wir werden zusammen weggehen. Er wird auf mich warten. Wir lieben uns“, insistiert sie. Die anderen Gefängnisinsassen im Raum lächeln, während die Wärterin, mit der ich sprach, sie wortlos ansieht und schweigt, als ich von ihr wissen will, wie viele Frauen, die Sias Schicksal teilen, von ihren Freunden schon aus Pul-e-Charkhi abgeholt wurden.

Mit kleinen Schritten in die Zukunft

Während Sia hinter Gittern sitzt, wird das Leben, von dem sie träumt, in Mujibs Haus zur Realität. Bei einem Filmabend in seinem Garten werfen wir ein weißes Betttuch über die Wäscheleine, legen eine DVD ins Notebook, das an einen Beamer angeschlossen ist und schauen uns einen Film aus Pakistan an. Seine drei Frauen und vierzehn Kinder sitzen neben uns. Reza fällt gleich auf, dass die Ärmel der Blusen pakistanischer Schauspielerinnen in den letzten Jahren immer kürzer geworden seien. „Das ist schon ziemlich intim und anzüglich", erklärt sie. „Früher haben die Ärmel den ganzen Arm bedeckt, später endeten sie einige Zentimeter vor dem Handgelenk und jetzt sind sie so kurz, dass gerade noch so die Ellbogen bedeckt sind." Lachend gibt Mujib seiner Frau Recht. „Es ist tatsächlich ein kleiner Skandal", stimmt er, mit ironischem Unterton, zu. „Egal ob Männer oder Frauen, die Haut der Arme sollte mit Hemd, Bluse oder Jacke bedeckt sein. Alles andere ist ein No-Go." Reza jedenfalls findet es unmöglich. Für ihren Geschmack versprüht die Hauptdarstellerin mit ihren kurzen Ärmeln auf der Leinwand eindeutig zu viel Sexappeal. Mujib ist nicht der Einzige, der schmunzeln muss. Das heizt die Debatte erst richtig an. „Dich möchte ich hören, wenn deine Töchter so herumstolzieren würden", wettert sie. „Das geht gar nicht, das gäbe einen Tumult auf der Straße, Männer würden sie angaffen, ihr nachstellen und unschöne Bemerkungen machen - und erst das Gerede der Nachbarn!" Mujib beschwichtigt, dass es nichts weiter sei als ein Film. Doch der transportiert für Reza eben mehr als nur schöne Bilder und Gesänge. „Für mich vermittelt das ganze einen lockeren Lebenswandel, für den viele junge Leute empfänglich sind. Aber dafür ist in unserer Gesellschaft doch niemand bereit", kritisiert sie. „Romantische Liebe, freizügige Bekleidung - das steht im krassen Gegensatz zu unseren kulturellen Vorstellung und unserem

Frauenbild." Ein wenig schnippisch blinzelt sie mich an und will wissen, was ich denn von dem Ganzen halte. Also verweise ich darauf, dass diese Filme kaum mit den Musikvideos und Hollywoodstreifen zu vergleichen sind, die in Europa, Amerika und sonstwo in der westlichen Hemisphäre gedreht und im Internet, dem Kino oder dem Fernsehen das Publikum unterhalten. Für mich sind Ärmel, die bis zu den Ellenbogen reichen noch lange kein Affront gegen die guten Sitten. „Weil ihr im Westen abgestumpft seid. Ihr seht sowas jeden Tag", urteilt Reza etwas grimmig. „Für euch mag das Freiheit sein, für mich ist es unbegreiflich, wie sich Frauen so zeigen können. Ich finde das erniedrigend." Für sie sind die Musikvideos, die sie im Internet gesehen hat, nichts weiter als Pornografie. „Da kommen Männer doch zwangsläufig auf dumme Gedanken", folgert sie. „Eine Frau, die einen derart lockeren Lebenswandel führt und sich in knapper Aufmachung präsentiert, braucht sich nicht zu wundern, wenn Männer ihr gegenüber respektlos sind und sie belästigen." Meinen Einwand, dass sexuelle Selbstbestimmung nicht mit unbegrenzter sexueller Verfügbarkeit gleichgesetzt werden kann und jede Person unabhängig vom Geschlecht das Recht habe sich frei zu entfalten, will sie nicht gelten lassen. „Sowas wäre in Afghanistan undenkbar", sagt sie knapp. „Die Ehre einer Frau muss bis zur Ehe bewahrt und darf nicht in solcher Weise preisgegeben werden." Mujib gibt ihr aber zu bedenken, dass in Deutschland andere Werte zählen als in Afghanistan und niemand an den Pranger gestellt wird, der die gegebenen Freiheiten nutzt und lebt. Dazu gehöre auch sich beispielsweise scheiden zu lassen, wenn eine Ehe nicht funktioniere. Obendrein seien Frauen in Deutschland besser ausgebildet als in Afghanistan. Sie seien deshalb in der Lage ihr eigenes Geld zu verdienen. Das schaffe Unabhängigkeit von Familie und Ehemann. „Das sind völlig andere Lebensstile und -entwürfe", argumentiert er weiter. „Und eine Frau, der dort Unrecht widerfährt, kann sich darauf verlassen, dass der

Mann, der ihr etwas angetan hat vor Gericht gestellt wird. Das ist hier doch gar nicht garantiert, schon gar nicht draußen in den Provinzen." Ehrenmorde, Steinigungen, Frauen, die zur Streitschlichtung oder Schuldentilgung einfach weitergereicht werden wie eine leblose Sache, das gebe es in Deutschland nicht. Reza räumt ein, dass sie selbst nicht alles gut finde, was in ihrer Heimat Tag für Tag mit ihren Geschlechtsgenossinnen passiere. „Aber trotzdem finde ich diese Freizügigkeit nicht gut", erklärt sie strikt. „Dass wir in Afghanistan noch viel Nachholbedarf haben, was die Rechte der Frauen anbelangt, bestreite ich nicht, aber unsere Emanzipation muss sich nach meiner Auffassung im Rahmen unserer Werte und Sitten entwickeln und darf nicht zu solchen Freizügigkeiten, wie eben knapper Kleidung und Sex vor der Ehe, führen." Die Burka sei in Afghanistan überhaupt nicht das Problem, mit dem afghanische Frauen zu kämpfen hätten. Doch daran mache der Westen immer wieder die Unterdrückung ihrer Landsmänninnen fest. „Das ist im Grunde genauso kurzsichtig, wie zu sagen, dass die Frauen in Deutschland und anderen westlichen Ländern aufgrund ihres Lebensstils und ihrer Kleidung einfach zu haben sind", entgegnet ihr Mujib. Zumindest in diesem Punkt sind sich am Ende dann doch alle mehr oder weniger einig. Reza betont, dass sie im Gegensatz zu anderen Afghaninnen Glück mit ihrem Ehemann hatte. „Unsere Heirat wurde von unseren Eltern arrangiert. Was mit einer Vernunftehe begonnen hat entwickelte sich zu einer Liebesbeziehung", betont sie. „Mujib ist für meine Einwände immer offen und unsere Töchter bekommen die gleichen Bildungschancen wie unsere Söhne. Aber wir können uns das im Gegensatz zu anderen Familien auch leisten." Schließlich verdiene Mujib gutes Geld. „Ansonsten könnte ich mir auch keine drei Frauen und so viele Kinder leisten", stellt der laut lachend fest. Dann wird er ernster. „Meine Töchter sollen in Familien mit einem gewissen Bildungsniveau und einer guten finanziellen Ausstattung einheiraten", macht er deutlich. „Die neuen Verwandten sollten keine strengen

Traditionalisten sein. Das sind wir ja auch nicht und daher wünsche ich mir, dass sie in Familien einheiraten, in denen sie annähernd so frei leben können, wie bei uns." Alles andere wäre aus seiner Sicht kontraproduktiv. Schließlich seien seine Töchter behütet und umsorgt aufgewachsen. Außerdem habe er sie immer dazu angehalten ihre Meinung zu äußern, auch kritisch. „Ich denke, dass das bei einem Ehemann, der eine gute Ausbildung und einen guten Job hat, auch möglich sein wird", ist Mujib überzeugt und versichert: „Meine Frauen werden sich die Familien, die in Frage kommen genau ansehen." Reza pflichtet ihm bei. Auf ihre älteste Tochter, die mit einundzwanzig Jahren heiratete, ist sie besonders stolz. Sie arbeitet bei einem Unternehmen im Büro und übersetzt dort, wenn es notwendig ist. Sie verdiene rund dreihundert Dollar im Monat. Für afghanische Verhältnisse sei das ein stattlicher Verdienst, von dem selbst die meisten Männer nur träumen könnten. „Sie hat es nicht leicht. Manche Männer denken, weil die Geschlechtertrennung im Berufsleben nicht gilt, dass sie aufdringlich werden können - sexuelle Belästigung eben", erzählt Reza. Laut Mujib bestehen jede Menge Vorurteile. „Viele malen sich die wildesten Dinge aus", sagt er mit ernster Miene und erklärt: „Viele gehen davon aus, dass die Frauen am Arbeitsplatz Sex mit ihren Kollegen haben - das ist natürlich Blödsinn." Eine Frau, die in einem Büro arbeitet, die eine Führungsposition bekleidet, in der sie Männern Anweisungen erteilt, oder die ein eigenes Unternehmen gründet und erfolgreich führt - das ist Mujib zufolge für die meisten kaum vorstellbar und schwer zu akzeptieren. Wobei er darauf hinweist, dass diesbezüglich – wie schon erwähnt - ein Unterschied bestehe, der sich aus dem Bildungsgrad sowie dem sozialen und wirtschaftlichen Status ergibt. „Außerdem vertreten längst nicht alle Männer erzkonservative Ansichten", macht er nachdrücklich klar und bekräftigt: „Ich bin dafür das beste Beispiel. In Afghanistan leben auch couragierte, engagierte, fürsorgliche und treusorgende Männer, denen das Wohl ihrer Frauen und Töchter am Herzen liegt." Nicht jeder Mann sei ein Peiniger und nicht jede Frau ein Opfer. Reza ist nicht glücklich über die Zustände in ihrem Land. Es gebe so viele Afghaninnen, die ihr Potential ausschöpfen und mehr aus ihrem Leben machen könnten, wenn ihnen Armut, Terror, Krieg und verkrustete Ansichten nicht im Weg stünden. „Afghanistan verfügt über starke, selbstbewusste, mutige und intelligente Frauen, die für ihre Rechte streiten und es gibt", laut Reza, „Männer, die diesen Kampf zu ihrer eigenen Sache machen und ihn unterstützen. Diese Männer und Frauen sind in meinen Augen Vorbilder. Das sind sie sicherlich nicht für viele. Aber jeder der von ihnen inspiriert wird, ist ein weiterer Gewinn auf dem Weg zu gesellschaftlichem Wandel und Frieden." Die Mutter von fünf Kindern will die Flinte nicht ins Korn werfen. Sie war dabei als sich im Jahr 2015 Männer, anlässlich des Weltfrauentages, eine Burka überwarfen und sie stand auch in der Menge, die Farkhundas Sarg zum Friedhof begleitete. Demonstrationen, Kundgebungen, Diskussionskreise – Reza schweigt nicht, sie handelt. „Ich kann nicht guten Gewissens in meinen vier Wänden hocken, während andere ihr Leben aufs Spiel setzen, damit sich Frauen, wie ich, nicht verstecken müssen, wie zu Talibanzeiten", sagt Reza. „Wer etwas verändern will muss aufstehen und etwas dafür tun. Rom wurde auch nicht an einem Tag erbaut." In einem Land, das mit dem Wiederaufbau praktisch bei null angefangen hat, sind kleine Schritte ein großer Erfolg, davon ist Reza voll und ganz überzeugt. „Drohungen, Schießereien, Selbstmordattentate, Entführungen und Morde machen das Vorankommen", zu Rezas Leidwesen, „unheimlich schwer. Trotzdem dürfen wir uns nicht entmutigen lassen." Wie so viele andere hat auch sie Angst davor, dass das Land, nach dem Abzug der meisten internationalen Truppen, wieder im totalen Chaos versinkt. „Alles wofür die Zivilgesellschaft gekämpft hat, wäre dann", aus Rezas Sicht, „umsonst gewesen. Deshalb müssen wir zusehen, dass wir das Erreichte absichern und überall dort Alarm schlagen, wo Menschenrechte, Chancengleichheit, Frieden und soziale Gerechtigkeit mit Füßen getreten werden." Reza ist fest entschlossen weiter zu kämpfen. „Das sind wir nachfolgenden Generationen schuldig", schnaubt sie energisch. „Wir haben genug Menschen an den Krieg verloren. Jetzt ist es an der Zeit die Zukunft zu gestalten und zu überlegen, welches Erbe wir unseren Kindern und Kindeskindern hinterlassen wollen."

FSC
www.fsc.org
MIX
Papier aus ver-
antwortungsvollen
Quellen
Paper from
responsible sources
FSC® C105338